Anonymus

Die Organisation der Heeresmacht Österreich-Ungarns

Anonymus

Die Organisation der Heeresmacht Österreich-Ungarns

ISBN/EAN: 9783743329102

Hergestellt in Europa, USA, Kanada, Australien, Japan

Cover: Foto ©ninafisch / pixelio.de

Manufactured and distributed by brebook publishing software (www.brebook.com)

Anonymus

Die Organisation der Heeresmacht Österreich-Ungarns

Die

Organisation der Heeresmacht

Oesterreich-Ungarns

mit Bezugnahme auf die Revisionsfrage.

Vom Verfasser

der

„Briefe eines alten Soldaten".

Motto: „Toujours alerte".

Wien. Pest. Leipzig.
A. Hartleben's Verlag.
1877.
Alle Rechte vorbehalten.

Vorrede.

Das Decennium geht zur Neige, in welchem sich die Reconstruction des Reiches auf dualistischer Basis und der grosse Umschwung in unserem Heerwesen vollzog.

Mit gespanntester Aufmerksamkeit hat jeder Patriot den bisherigen Verlauf dieses grossen Umgestaltungs-Processes verfolgt.

Sollte ja aus demselben die alte habsburgische Monarchie nach den Erschütterungen der neueren Zeit wieder mit verjüngter Kraft hervorgehen.

Das war das hohe Ziel jener durchgreifenden Action, mit der das Fundament für die Entwickelung unseres neuen Staatswesens und unserer Wehrkraft gelegt wurde.

Die Monarchie, welche die Stürme aller Zeiten zu bestehen vermochte, ohne in den Bedingungen ihrer Existenz berührt werden zu können, weil sie in einer alle Ereignisse beherrschenden internen Nothwendigkeit wurzelt, ist seither ein moderner Staat geworden und mächtig erstarkt; — die Wehrkraft zu einer imposanten Kriegsmacht herangewachsen.

Aber Systeme, neue staatliche Gestaltungen bedürfen zu ihrer Vollendung und Festigung nicht ein, sondern mehrere Jahrzehnte rastlosen Wirkens und Schaffens, und so tritt auch unser grosses Verfassungswerk mit dem Abschlusse des ersten Decenniums erst in das zweite Stadium seiner Entwickelung.

Es naht nunmehr der Augenblick, wo über die ernste Frage entschieden werden soll, ob der im Jahre 1867 zwischen den beiden Staatsgebieten Sr. Majestät geschlossene staatsrechtliche Pact in seinem ganzen Umfang erneuert oder Modificationen unterworfen werden soll.

Auch die Wehrfrage wird daher abermals in den Kreis der parlamentarischen Discussion gezogen werden. Es sollte also vor Allem schon Klarheit darüber herrschen, ob und in welcher Ausdehnung das zur Durchführung gelangte Wehrgesetz einer Aenderung unterworfen werden soll.

Aufgabe der Militär-Publicistik war es, hierzu die nöthigen Anhaltspunkte zu bieten — das Terrain zu ebnen. Jenseits der Leitha bemächtigte sie sich auch dieser hochwichtigen Frage von allem Anfang an mit einem anerkennenswerthen Eifer.

Das Wehrsystem im Allgemeinen und alle Zweige des Heerwesens sind während der abgelaufenen zehn Jahre auf das Eingehendste besprochen worden. Aber in die vielen auf tiefe Sachkenntniss und richtiger Würdigung unserer Gesammtverhältnisse ruhenden Urtheile mengten sich auch Kundgebungen, die auf ein schwaches Gedächtniss für unsere jüngste Geschichte, eine Oberflächlichkeit des Urtheils und ein Verkennen der durch die Macht weltgeschichtlicher Ereignisse geschaffenen neuen Situation zurückzuführen sind.

Solche Erscheinungen kommen zwar bei jähen Uebergangs-Perioden überall vor, aber man darf sie nicht ignoriren, zumal, wenn sie nicht vereinzelt und wiederholt zu Tage treten.

So viel nun auch zur Klärung der Ideen über die Schöpfungen unserer neuen Aera auf dem Gebiete des Heerwesens geschehen ist, so bleibt der Discussion noch immer ein weites Feld offen.

Nicht als ob etwa der Verfasser einen speciellen Standpunkt einnehmen würde — nein, sobald das entschiedenste, weil stärkste aller Machtmittel, das Heer, in Frage kommt, da kann nur von einer gemeinsamen Interessen-Vertretung die Rede sein. Dieser Standpunkt ist es vielmehr, der auch den Verfasser zur Darlegung seiner Ansichten über die Durchführung des Wehrgesetzes und etwaiger Aenderungen in dieser Brochure bestimmte, die, wie aus der Behandlung des Stoffes ersichtlich ist, nicht ausschliesslich für militärische Kreise geschrieben wurde. Und es dürfte vielleicht auch im allgemeinen Interesse liegen, wenn sich auch eine Stimme aus Ungarn vernehmen lässt, wo auf die ausserordentliche publicistische Regsamkeit zur Zeit der Inangriffnahme der Wehrfrage eine förmliche Stagnation eintrat. Ein zweimaliges directes Eingreifen in Sachen der Heeres-Organisation, die genaue Kenntniss fremder Heere, gepaart mit einer langjährigen literarischen Thätigkeit dürften den Verfasser hierzu berechtigen.

Nun sind gerade einige der wichtigsten Fragen der Heeres-Organisation zwar eingehend, aber nur einseitig erörtert worden, mit der Lösung anderer kann man sich wieder nicht befreunden, ohne die Ursachen zu kennen, welche dieselbe bedingten. Die Berufung auf fremde Heeres-Einrichtungen war nicht immer zutreffend — ja, sogar der Hinweis auf eigene alte Organisationen, wie die der Landwehr, beruhte zuweilen auf Irrthümern. Alle Zweige unseres Wehrwesens sind vom technischen und administrativen Standpunkte aus erschöpfend behandelt worden, der Kern desselben aber — **die Fundamental-Institutionen** — ward weniger berührt.

Im Allgemeinen muss aber die Wehrfrage, welche mit allen Factoren des Staatslebens in den engsten Wechselbeziehungen steht, auch von höheren Gesichtspunkten aufgefasst und besprochen werden. Die Erscheinungen unserer Zeit müssen in ihrem Ursprung, nämlich in den Ursachen ihrer Entstehung gründlich erforscht werden. Das Wehrsystem und die wesentlichsten Einrichtungen, die es umfasst, müssen im Zusammenhange mit den Verhältnissen, die ihr Inslebentreten beeinflussten, dargestellt werden.

Ein' näherer Einblick in das organisatorische Getriebe jener Zeit, in welcher der Uebergang von einem Wehrsystem zu einem anderen eingeleitet wurde, gewährt endlich ein klares Bild der Organisation im Grossen und Ganzen, weil man alle Momente kennt, die bei Feststellung der theoretischen Grundlage — des Wehrgesetzes — massgebend waren. Dieser Einblick erleichtert denn auch dem Verfasser sein Urtheil bei Erörterung der Frage, ob unser Wehrsystem, das bereits in einer mächtigen Wehrkraft seine Vollendung gefunden hat, schon jetzt Aenderungen unterworfen werden soll oder nicht.

Dabei ist aber vor Allem die Art der Vereinbarung des Wehrgesetzes in Erwägung zu ziehen, ob es nämlich mit Berücksichtigung unserer politischen, finanziellen und volkswirthschaftlichen Interessen und der angestrebten grösstmöglichen Kraftentfaltung wohldurchdacht, auf eine Vermeidung späterer Widersprüche berechnet war, mit einem Worte, ob es in seiner Conception das Gepräge der Beständigkeit an sich trug oder aber ein übereiltes Machwerk war. Der freundliche Leser möge sich aus dem 11. Abschnitte „Zur Genesis des Wehrgesetzes von 1868" darüber selbst sein Urtheil bilden.

Wenn nun auch die Nothwendigkeit von Aenderungen innerhalb des Rahmens unseres Wehrsystems ausser aller Frage steht, weil solche sich während seiner Entwickelung naturgemäss ergeben, und wenn auch an der Hand der bisherigen Erfahrungen Modificationen nothwendig werden sollten; — seine Basis kann nicht erschüttert werden.

Ein Wehrsystem kann nicht die Bestimmung haben, nach einem Jahrzehnt geändert zu werden — Geschlechter entschwinden der Erde, bis ein solches sich im Volke ganz eingelebt und im Laufe der Zeiten zur Vollkommenheit entwickelt hat.

So feierte in Preussen die Schöpfung Scharnhorst's — ursprünglich ein Product der Nothwehr in den Tagen grösster Bedrängniss — erst nach einem halben Jahrhundert seine grössten Triumphe.

Auch unser Wehrsystem muss daher zuerst eine ernste Probe bestehen, bevor man endgiltig über dasselbe urtheilen kann. Möglich, dass die kritische Weltlage hierzu eher eine Gelegenheit bietet, als man annimmt.

Sollte aber die österreichisch-ungarische Monarchie dazu berufen sein, in den Gang der Ereignisse ernstlich einzugreifen, dann wird die Welt die Bedeutung des stattgehabten grossen Umschwunges in ihrer Wehrkraft, in der Entfaltung eines gewaltigen Kriegsapparates kennen lernen.

Budapest, im Februar 1877.

Der Verfasser.

I.

Einleitung.

Gewaltige, ländergestaltende Ereignisse haben die Machtverhältnisse in Europa vollends verrückt.

Die moralische Garantie, welche früher dem internationalen Rechte innewohnte, ist wohl noch für längere Zeit dahin.

Die Giltigkeit und Dauer völkerrechtlicher Verträge ist aus der rechtlichen Sphäre getreten und liegt gegenwärtig in der Gewalt der Waffen.

Kraft ist daher Recht! — grösstmögliche Machtentfaltung das erste Gebot eines Staates.

Das Mittel zur Entwickelung derselben ist aber eine gute Heeres-Organisation, aus der eine zahlreiche, wohldisciplinirte und kriegstüchtige Armee hervorgehen soll; denn sie ist die Trägerin der staatlichen Autorität, in ihr ist die Widerstandsfähigkeit des Staates verkörpert.

Die Wehrfrage ist heutzutage mehr denn je eine Existenzfrage, sie ist die allerwichtigste, ihre Lösung aber auch die allerschwierigste.

Die Schwierigkeiten entspringen im Allgemeinen aus dem Entwickelungsgange im Fortschritte des Heerwesens der europäischen Staaten, der stets von gleichen Erscheinungen begleitet war.

Zu allen Zeiten haben erst Kriege grosse Mängel aufgedeckt, die in veralteten Organismen wurzelten und sich oft durch Generationen fortschleppten.

Diese eigenthümliche Erscheinung — eine Folge langandauernder Friedensperioden — trat bei militärischen Institutionen häufiger zu Tage, als bei anderen staatlichen Einrichtungen.

Zwar wird den Fortschritt in militärischen Dingen — mit Ausnahme von gewaltsamen, vorwärtstreibenden Umwälzungs-Epochen — stets ein conservativer Zug kennzeichnen, weil ein richtiges Masshalten bei Durchführung von Reformen dringender geboten ist, als anderswo.

Allein dieses Masshalten, das in einem mit der culturellen Entwickelung des Staates Hand in Hand gehenden successiven Fortschritte im Heerwesen zum Ausdrucke gelangen soll, artete oft in schroffen Gegensatz, in Stillstand aus, der die Decadenz der besten Armeen und als Folge davon deren Niederlagen herbeiführte.

Ausser der principiellen Abneigung gegen Neuerungen waren es mitunter auch glorreiche Traditionen, die einer Trennung vom Alten als etwas für undenkliche Zeiten Bewährtes im Wege standen.

Kriegen war es zumeist vorbehalten, die Unhaltbarkeit veralteter Heereseinrichtungen darzuthun, Mangel an richtiger Erkenntniss führte zu Katastrophen, die dann erst einen Umschwung bewirkten.

Hatte aber die conservative Tendenz über den Anforderungen des herrschenden Zeitgeistes die längste Zeit Oberhand behalten und galt es, langjährige Versäumnisse schnell gut zu machen, so zeigte sich im Gefolge des nothwendig gewordenen plötzlichen Umschwunges auch der der Stagnation ebenbürtige Fehler der Ueberstürzung.

So oft aber das Genie eines Feldherrn oder das geistige und moralische Uebergewicht von Armeen alte Systeme besiegten und der Heeresorganisation und Kriegskunst neue Bahnen vorzeichneten, trat der allgemeine fieberhafte Nachahmungseifer ein; — mit dem Uebergang zu dauernden friedlichen Verhältnissen huldigte man wieder zu sehr der conservativen Richtung.

Armeen, die sich mit allem, was ihr innerer Gehalt und ihre Kriegstüchtigkeit bedingten, auf dem Niveau der Zeit zu erhalten wussten, stehen in der Geschichte eben so vereinzelt da, als jene grossen Heerführer, die mit ihrem gewaltigen und schöpferischen Geiste die bedeutungsvollsten Wendepunkte im Kriegswesen einleiteten.

Mit ihren Siegen brach das alte Rüstzeug stets zusammen.

So unter Napoleon I., der den ersten jener Wendepunkte in unserem Jahrhundert mit dem Siege über alle continentalen Armeen inaugurirte und die Monarchie Friedrich des Grossen in Trümmer schlug. Vernichtend war die Niederlage, die Preussen durch die Vernachlässigung seiner Armee erreicht hatte, aber gross und radical sein Umschwung.

Es war ein völliger Bruch mit der Vergangenheit, — mit Entschiedenheit vollzogen, unvergleichlich in seinen Consequenzen.

Richtige Selbsterkenntniss, grosse Entschlussfähigkeit, entschiedenes Wollen, gründliches Forschen und Klarheit in Bezug der vorgesteckten grossen Ziele, zähes Festhalten an denselben durch rücksichtsloses Hinweggehen über alle Vorurtheile, Gewohnheiten und die Traditionen einer grossen Vergangenheit, gepaart mit Patriotismus und Aufopferungsfähigkeit: das waren jene moralischen Factoren, welche die wahrhaft grossartige Umgestaltung des ganzen Heerwesens, das schnelle Aufraffen und Sammeln der gesammten wehrfähigen Kraft ermöglichten. So feierte die preussische Armee ihre Wiedergeburt schon in den letzten Entscheidungskämpfen gegen das erste französische Kaiserreich in glänzendster Weise.

Von jener denkwürdigen Epoche an bildete — was Organisatoren wohl beherzigen sollten — die **Stabilität in den Fundamental-Institutionen**, auf welchen die vortreffliche Organisation fusste, den Grundzug in der Fortentwickelung des preussischen Heerwesens.

An gegnerischen Einflüssen hatte es keineswegs gefehlt, aber sie konnten sich Angesichts der Consequenz, mit der die erleuchtetsten Männer an der bewährten Schöpfung festhielten, nicht Bahn brechen.

Die anderen Armeen hatten die so theuer erkauften Erfahrungen gleichfalls ausgenützt, alle ahmten den Heeresorganismus und die Taktik Napoleons I. mit mehr oder minder Geschick nach.

Die österreichische Armee hatte in den vielen Kämpfen gegen Bonapartes Heere auch schwere Unglücksfälle getroffen, aber sie konnte mit Stolz auf ihren mit grosser Zähigkeit und Festigkeit geleisteten Widerstand hinweisen, der namentlich unter der genialen Führung weiland Sr. k. Hoheit Erzherzog Carl glorreichen Andenkens ruhmreiche Momente in sich schloss. Der unvergessliche Prinz war es auch, der den Uebergang der k. k. Armee aus ihrer veralteten Verfassung in die moderne bewerkstelligte.

Russlands Heer, das ebenfalls mit wechselndem Erfolg, aber stets mit gewohnter Tapferkeit und Ausdauer gekämpft hatte, war von dem Bewusstsein durchdrungen, der grössten französischen Armee das Grab bereitet und den Untergang des grossen Soldatenkaisers eingeleitet zu haben.

Nach der Restauration vollendeten die europäischen Heere ihre Organisation, welche mit dem Conscriptionssystem als Grundlage die lange Friedens-Aera überdauerte. Der Werth der alten Berufsheere, die sich ausschliesslich aus den untersten Volksclassen ergänzten, war keineswegs ein geringer. So war auch die österreichische Armee, trotz ihrer Zusammensetzung aus verschiedenen Nationalitäten von ungleicher Bildungsstufe, eine vom besten Geiste beseelte, durch die Bande einer vorzüglichen Disciplin und Mannszucht festgegliederte Kriegsmacht. Der Officier und altgediente Soldat gingen in ihrem Berufe förmlich auf. Das kriegerische Element, in den Völkern Oesterreich-Ungarns so stark vertreten, hatte die altbekannte Tapferkeit der k. k. Armee begründet.

Ein tüchtiges Berufsheer war auch das russische, Disciplinirbarkeit, unerschütterliche Ausdauer im Stillstande und rücksichtslose Energie im Angriffe waren im Heere sehr ausgebildet.

Die allergünstigsten Bedingungen, als: Nationaleinheit, kriegerischer Charakter und subjective Selbstthätigkeit vereinigte in sich die französische Armee. Durch den geistvollen Saint-Cyr auf den Trümmern des napoleonischen Heeres reorganisirt, hatte sie bald Gelegenheit, ihre vorzüglichen Eigenschaften wieder zu bethätigen und ihren ausgezeichneten Ruf von Neuem zu begründen.

Insolange die Erhaltung von Berufsheeren möglich war, nahmen die Armeen der grossen Militärstaaten auch eine achtunggebietende Stellung ein.

Preussen war der einzige Staat, der sich durch das Princip der allgemeinen Wehrpflicht das Verfügungsrecht über die gesammte wehrfähige Kraft sicherte, durch Creirung der Landwehr und einer Landsturm-Organisation eine Landesvertheidigung schuf und dadurch die frühere Ausnahmsstellung des stehenden Heeres aufhob. Alle Einrichtungen waren für eine lange Dauer berechnet.

In Allem und Jedem schritt die preussische Armee mit der Zeit vor. Schon zu Anfang des dritten Decenniums herrschte im preussischen Officierscorps eine grosse geistige Thätigkeit. Männer wie

Brandt, Clausevitz, Decker, Willisen, Zastrow, Ciriacy u. a. m. hatten der preussischen Militär-Literatur den ersten Rang in Europa gesichert. Die reglementarischen Vorschriften wurden in einer Weise geändert, dass sie anderen Puissancen zum Vorbilde dienten. Dies galt namentlich von dem auf eine Vereinfachung der Evolutionen berechneten Exercier-Reglement. Es kam zwar eine Zeit, in der man wieder zu sehr in das stramme Wesen verfiel, ein besonderes Gewicht auf das geschlossene Manövriren und auf den Parademarsch legte. Aber schon in den Vierziger-Jahren schritt man wieder zu einer rationellen Drillung des Soldaten, trachtete dessen Einzelthätigkeit zu steigern, wandte den Leibesübungen, dem Scheibenschiessen und der zerstreuten Fechtart eine grössere Aufmerksamkeit zu, bis man endlich durch Annahme der Compagnie-Colonnen-Taktik, des Hinterladers und der dadurch bedingten grösseren Entwickelung des Tirailleur-Systems den Grund zur epochemachenden Wendung in der Heeres-Organisation, Bewaffnung und Taktik legte.

Die lange Friedensperiode ward nur durch lokalisirte Kämpfe gestört.

Der österreichischen Armee waren die Interventionen in Neapel, Piemont und im Kirchenstaate zugefallen — Unternehmungen ohne kriegsgeschichtlichen Werth — und betrat erst nach einer dreiunddreissigjährigen Waffenruhe den Kampfplatz.

In den verhängnissvollen Kriegsjahren 1848—49 bewährte sich unter den ungünstigsten Verhältnissen und Einwirkungen wieder ihre nachhaltige Kraft.

Einen Glanzpunkt in der düsteren Geschichte jener Zeit bildeten die Erfolge der k. k. Waffen unter dem alten Radetzky in Italien. Wenn ein deutscher Militär-Schriftsteller vor mehreren Jahren die Behauptung aussprach, dass es in Oesterreich eine Zeit gab, in der drei hohe Generale ihre eigenen Armeen besessen hätten, so war dieselbe, insofern sie sich auf den berühmten Marschall bezog, allerdings zutreffend.

Radetzky war der Begründer des vortrefflichen Geistes und der Schlagfertigkeit seiner Armee, die sich mit einer gewissen Genugthuung die „italienische" nannte; er war ihre vorwärtsstrebende Kraft.

Die französische Armee hatte in Spanien gefochten, Algerien erobert, das eine langjährige, praktische Schule für sie wurde, nach der denkwürdigen Belagerung Antwerpen zum Falle gebracht und endlich die Juli-Revolution in Paris und die Mazzinistische Republik in Rom bekämpft.

Die russische Armee hatte in Persien, auf der Balkanhalbinsel und gegen den polnischen Aufstand gekämpft, sich im Kaukasus gleichfalls eine Schule für den kleinen Krieg eröffnet und in Ungarn intervenirt.

Die preussische Armee hatte keine kriegerischen Unternehmungen aufzuweisen und auch ihre Thätigkeit in den Jahren 1848—49 beschränkte sich auf die Niederwerfung partieller Aufstände und die anfängliche Parteinahme für Schleswig-Holstein. Mit um so grösserer Aufmerksamkeit verfolgte sie aber die Einrichtungen fremder Heere* und alle Erscheinungen auf den verschiedenen Kriegsschauplätzen. Den Mangel an Erfahrung ersetzte aber im preussischen Heere und Volke das lebendigste Pflichtgefühl. Endlich wurzelte die Stärke der gesammten Wehrkraft in den Institutionen, die man während des langen Friedens unversehrt beibehalten und zeitgemäss entwickelt hatte.

Auch die anderen Militärstaaten hatten ihre Heeresverfassungen beibehalten. Aber im Ringen zwischen den conservirenden Bestrebungen der alten mit den Ansprüchen der neuen Zeit war letztere bereits Allen über den Kopf gewachsen. Nun glaubte man den Anforderungen unserer Zeit entsprechen zu können, indem man die conservative Tendenz in der Festhaltung des bereits veralteten Fundamentes wahrte, innerhalb seines Rahmens aber beständig reformirte. Welch' vergebliches Beginnen! Es kam die Zeit des Experimentirens für alle Armeen.

Nichts ist verderblicher für eine Armee als die Unstetigkeit in ihren organischen Einrichtungen, weil sie das Vertrauen zum ganzen Heeresorganismus abschwächt

---

* Der preussische Generalstab war in dieser Richtung schon zu Anfang der Dreissiger-Jahre sehr thätig. Welche Gründlichkeit, Sachkenntniss und Scharfblick verrathen nicht die Relationen, die Brandt 1833 als Major des Generalstabes über die französische Armee, die er in den verschiedenen Uebungslagern besichtigt hatte, seinem Könige unterbreitete. Indem er ein bis in die kleinsten Details sich vertiefendes Gesammtbild der französischen Armee entwarf, fällte er, auf Grund eines mehrtägigen Beisammenseins, auch ein Urtheil über alle Generale und mehrere Oberste in Bezug ihrer militärischen als sonstigen Eigenschaften.

und in mancher Beziehung auch den Geist schädigt, wie es namentlich bei Aenderungen der Fall ist, welche die persönlichen Interessen berühren. Reformen im Heerwesen müssen gründlich durchdacht und erprobt werden. Einem oberflächlichen Urtheile darf keine Einrichtung zum Opfer fallen. Das Nachahmen fremder Institutionen darf nicht blindlings erfolgen, denn sie können der betreffenden Armee sehr förderlich sein, der eigenen aber in Folge ihrer Eigenthümlichkeiten nicht zusagen. Geht man bei Einführung von Reformen nicht von diesen Gesichtspunkten aus, so geschieht es oft, dass man altbewährte Einrichtungen zum Schaden der Armee preisgibt, um neuen Eingang zu verschaffen, die man dann, weil sie sich nicht bewähren, wieder über Bord wirft, um zu den alten zurückzugreifen.

Einer solchen permanenten Unstetigkeit in allen Zweigen des Heerwesens ist ein Verharren beim Alten weit vorzuziehen.

Die k. k. Armee hatte zu Anfang der Fünfziger-Jahre eine bedeutende Vermehrung durch zahlreiche neue Formationen erfahren. Sie hatte dadurch quantitativ sehr zugenommen, qualitativ aber abgenommen. Früher ein tüchtiges Berufsheer von altgedienten Soldaten, sollte sie jetzt ein Berufsheer ohne Berufssoldaten werden. Die Beibehaltung des alten Conscriptionssystemes mit einer längeren Präsenzzeit sollte zwar die Aufrechthaltung des Berufsheeres ermöglichen, allein bei der Nothwendigkeit, das jährliche ansehnliche Recrutencontingent zur Ausbildung und zum Heeresdienste heranzuziehen, ergab sich bei der Hauptwaffe, der Infanterie, durchschnittlich eine Präsenzzeit von geringer Dauer. Die alten Unterofficiere, welche früher so feste Rahmen gebildet hatten, schieden allmälig aus den Reihen der Armee.

Von den alten Officieren hatten viele in den Kämpfen der Jahre 1848—49 ihr Leben oder ihre Existenz verloren Der Verlust war ein um so empfindlicherer, als in Folge der neuen Formationen, der ansehnlichen Vermehrung des Generalstabes, der technischen Corps und Creirung neuer Corps der Bedarf an Officieren geradezu ein enormer wurde. Das Inslebentreten vieler neuer Militär-Bildungs-Institute sicherte zwar einen beträchtlichen Nachwuchs von tüchtigen Officieren, allein der Bedarf war noch lange nicht gedeckt. Es machte sich vielmehr der grosse Mangel an Officieren bei jeder Mobilisirung sehr fühlbar. Bei den Beförderungen zu Officieren konnte man deshalb auch nicht zu wählerisch sein. Man ernannte aus dem Mannschaftsstande Unterofficiere, die nur halbwegs die Eignung besassen, während die Regiments-Proprietäre junge Gentlemen acquirirten, die als Laien Officiere wurden, um mit der Truppe vor den Feind zu gehen.

Ohne den überwiegenden Einfluss der alten Officiere, welche die Träger des vortrefflichen Geistes im österreichischen Officiercorps waren, hätte auch der esprit du corps leicht eine Schädigung erfahren können. So blieb aber dasselbe, wie zu allen Zeiten, ein leuchtendes Vorbild der Pflichttreue, Tapferkeit und einer unvergleichlichen Aufopferungsfähigkeit; die entsetzlich langen Namenreihen in den Verlustlisten der letzten Feldzüge liefern dafür das ehrendste Zeugniss.

Trotz der vielen und mitunter auch zeitgemässen Reformen, die im k. k. Heere vorgenommen worden waren, trug es doch ein entschieden conservatives Gepräge, weil die wichtigsten Institutionen, welche tief in das Leben einer Armee eingreifen und auf ihre Entwickelung bestimmend einwirken, auf den Pfeilern der alten Organisation ruhten. Demungeachtet war aber die Armee vermöge ihrer numerischen Stärke, des in ihren Reihen herrschenden kriegerischen Geistes, ihrer guten Disciplin und Leistungsfähigkeit eine imposante Kriegsmacht. Aber das ehemalige alte Berufsheer war durch eine Armee von jungen Soldaten ersetzt worden. Mit jungen Soldaten vermag aber nur eine energische, umsichtige und von einer kühnen Initiative ausgehende Kriegsleitung Erfolge zu erzielen.

In dieser Verfassung ging die österreichische Armee jenen folgenschweren Ereignissen entgegen, in welchen ihr grosse kriegerische Actionen beschieden waren. Den Reigen jener welterschütternden Conflicte, welche die Grundfesten der alten europäischen Staatenordnung zertrümmerten, bildete der Krimkrieg. Die Armeen Frankreichs, Englands und der Türkei mit einem kleinen piemontesischen Hilfscorps massen sich in einem grossen Kampfe gegen Russland.

Nach einem vierzigjährigen Frieden zog die kleine, aber stets tapfere **britische Armee** nach dem Orient. Unter allen Armeen war sie am meisten zurückgeblieben. Der alte Wellington hat für ihre

Consolidirung seit der ruhmvollen Schlacht bei Belle Alliance bis zu seinem Hinscheiden gar nichts gethan. Der tapfere Herzog war ein abgesagter Feind jeder Neuerung, hielt die Wehrverfassung seiner Zeit für unübertrefflich und die Devise „Waterloo" als eine Bürgschaft für das künftige Waffenglück der Armee. Noch kurz vor ihrem Aufbruche in die Krim bot sie den Anblick eines militärischen Roccoco-Bildes. Im reichen England, dem Sitze der grössten Waffen-Etablissements, kam es vor, dass Truppentheile noch während des Krieges die alte Muskete mit dem Minie'schen Gewehre vertauschten. An der Alma und bei Inkermann wandten die Engländer noch die Lineartaktik an. Sie fochten mit gewohnter Bravour und Ausdauer, in einigen Fällen mit seltener Todesverachtung und zogen endlich mit Ehren aus dem Kampfe.

Hatte nun die englische Armee die Folgen ihrer langen Vernachlässigung nicht durch eine Niederlage auf dem Schlachtfelde empfinden müssen, so erlitt sie die wurmstichige Kriegsverwaltung durch die England compromittirende Blosslegung der exorbitantesten Gebrechen, die vor aller Welt zu Tage traten. Nun schritt man in England mit aller Hast an das Reorganisiren und Experimentiren, was übrigens dort bei dem geltenden Principe, abzuwarten „how the thing gos on — how it works" zumeist mit Verständniss geschieht.

Die türkische Armee hatte vor dem Krim-Feldzug keinen Rückgang, sondern vielmehr einen bedeutenden Fortschritt aufzuweisen. Ihre nach dem unglücklichen Feldzuge von 1828 begonnene totale Umgestaltung, aus der mohamedanischen Verfassung in eine moderne, hatte bereits eine feste Form angenommen. Zwar konnte die Absicht der letzten Sultane, aus ihr eine Armee ganz nach europäischem Muster zu schaffen, nicht erreicht werden, weil es überhaupt im Geiste des abendländischen Heerwesens liegt, dass es sich dem Islam nur bis zu einem gewissen Grade anbequemen lässt; — allein der in der türkischen Armee vollzogene Umschwung war gleich bei ihrem ersten Auftreten an der unteren Donau an ihrer festen Haltung und erhöhteren Schlagfertigkeit wahrzunehmen.

Unter Abdul Aziz wurde die Armee wieder vernachlässigt. Die in neuerer Zeit angestrebten Reformen konnten wegen der herrschenden Finanznoth nicht durchgeführt werden. Wenn nun die türkische Armee in ihrem erneuten Kampfe um die Selbstständigkeit und Integrität des osmanischen Reiches demungeachtet ihre alte Tapferkeit und Standhaftigkeit bewährt, so liegt der Erklärungsgrund einzig und allein in den vorzüglichen Charakter-Eigenschaften des türkischen Soldaten. Er ist unverdorben, gutmüthig, gelehrig und sehr genügsam, an Entbehrungen und Strapazen gewöhnt. Als Fatalist kämpft er sehr gut. Wenn auch in der türkischen Armee von einem Bewegen innerhalb dienstlicher und disciplinärer Schranken, nach unseren Begriffen, nicht die Rede sein kann, so ist der Soldat, in Folge seiner natürlichen Anlagen, seiner Erziehung und seines strengen Festhaltens an seinen religiösen Satzungen, doch ein Muster der Pflichttreue und des Gehorsams.

Das Corps Lamarmora's, dazu bestimmt, dem damals kleinen Piemont, als Kern des werdenden Italiens, an der Tschernaya, die Pforten zum Pariser Congresse zu eröffnen, schlug sich tapfer. Es bestand aus den Elitetruppen der piemontesischen Armee, welche nach den Kriegen von 1848—49, durch eine tüchtige Heeresleitung vollends umgestaltet, 1859 den Kampf für die Unification Italiens im Bunde mit der französischen Armee wieder aufnahm und 1866 als Alliirte des preussischen Heeres mit der Erreichung des angestrebten Zieles, der Erhebung Italiens zu einer Grossmacht, zu Ende führte.

Allerdings haben ausserordentliche Umstände, die nicht in den Bereich einer militärischen Besprechung fallen können, jene grosse Staatenbildung herbeigeführt, aber die Tapferkeit und Ausdauer der piemontesischen Armee, welche successive die Wehrkräfte Italiens in ihren Rahmen aufnahm, wurde auch von ihrem mächtigen Gegner, der österreichischen Armee, stets anerkannt. In ihrer fortschreitenden Entwickelung nimmt die **italienische Armee** unter den grossen europäischen Heeren bereits einen würdigen Platz ein.

Die französische Armee hatte unter Napoleon III. bedeutende Fortschritte gemacht. Das kriegerische Element hatte den durch die vorangegangenen Stürme erzeugten Parteigeist in der Armee, namentlich im Officiercorps gänzlich beseitigt, als das zweite Kaiserreich die napoleonischen Traditionen wieder wachrief und durch Wiederaufnahme der Kriegspolitik den Thatendurst und Ehrgeiz des Heeres von Neuem anfachte. Napoleon hatte das Conscriptionssystem mit Stellvertretung beibehalten, aber es war damals für das aus einer Nation hervorgehende Heer mit vorwiegend intelligenten und gewandten Leuten noch mit keinem Nachtheil verbunden.

Die Nothwendigkeit des Auftretens von Massenheeren als erster Factor des Erfolges in unseren Tagen sollte auch Frankreich zu seinem Unglücke zu spät erkennen. Der Mittel, um die Widerstandsfähigkeit des Staates bedeutend zu steigern, hatte sich das zweite Empire selbst entschlagen, indem es die Nationalgarde auflöste und dann nicht an die Organisirung einer anderen Landesbewaffnung und die Einführung eines anderen Ersatzwesens dachte.

Aber Napoleon schwelgte damals im Glücke und seine Armee genoss den Ruf der besten.

Mit dem gehobenen Bewusstsein, dass sie, nach dem Ausspruch ihres Herrn und Gebieters, an der Spitze der europäischen Civilisation marschire, ging die französische Armee in die Krim. Ihre Führung, Taktik, Gewandtheit und Tapferkeit führten im Bunde mit ihren Alliirten den Sieg über die Russen herbei.

Die französische Gloire, auf was es vor allem ankam, ward von Neuem begründet.

Die russische Armee, welche dem Anprall der verbündeten Heere zu widerstehen hatte, erlag zwar, aber in Ehren. Die Ursachen ihrer Niederlagen waren: das durch Kaiser Nicolaus bis zum Excess cultivirte, jede Einzelthätigkeit ausschliessende System der mechanischen Dressur des Soldaten und strenges Festhalten der Führer an dem vorgeschriebenen Gefechtsmechanismus; — als Folge davon die äusserste Einschränkung des Einzelkampfes und Massenverwendung, woraus die Schwerfälligkeit in den Bewegungen der russischen Armee resultirte: Scharfkantig, wie aus Granit gehauen, standen die Massen der Russen da, bis zum letzten Kanonier feuerten ihre Geschütze und in der von ihnen beobachteten Verfahrungsweise des Hinhaltens und Ermüdens ihrer Gegner leisteten sie Grosses, aber der Geschicklichkeit, Gewandtheit und ausserordentlichen Beweglichkeit der Franzosen vermochten sie keinen längeren Widerstand entgegenzusetzen.

Russland erlebte seine Katastrophe und erlangte den Frieden unter sehr drückenden Bedingungen, ohne seine intensive Kraft entwickelt zu haben. Es hatte eben auch das Conscriptionssystem mit Stellenvertretung beibehalten, das die Ausbeutung seiner Volkskraft nicht ermöglichte, den Mangel an Intelligenz aber mehr hervortreten liess, als in anderen Armeen.

Kaiser Alexander griff das Uebel bei der Wurzel an, indem er zunächst darauf bedacht war, mit mehreren Reformen im Staatswesen auch das Selbstbewusstsein eines grossen Theiles seiner Unterthanen zu wecken. Mit der grossen socialen Umwälzung, die Millionen von Sclaven zu Bürgern machte, ging dann die Reorganisation der Wehrkraft auf moderner Grundlage Hand in Hand.

Fünf Jahre später begegneten sich auf den alten Schlachtfeldern Oberitaliens Oesterreichs Heer mit der französischen und piemontesischen Armee. Die Welt erlebte das seltsame Schauspiel, dass eine tapfere mit ihrer nicht zur Action gelangten Geschützreserve noch intact gebliebene Armee ihren Widerstand mit dem Verluste einer Provinz aufgeben musste. Eine Verkettung von längst bekannten Ursachen ausserordentlicher Art hatte nun auch Oesterreich seine erste Katastrophe bereitet.

Ein Systemwechsel wurde angebahnt, — tiefeingreifende militärische Reformen als äusserst dringend geboten anerkannt. Aber die guten Absichten scheiterten leider nach beiden Richtungen. Die traurigen Erfahrungen dieses Feldzuges hatten eben nicht genügt; um namentlich jene Zähigkeit zu brechen, mit der man noch immer an längst überlebte Heereseinrichtungen hing. Und so kam es, dass man sich bald wieder in Nebendingen vertiefte und dabei die Heeresreform im Grossen aus dem Auge verlor. Hätte die Umgestaltung unseres Staatswesens und unserer Wehrkraft damals stattgefunden, so würde uns die zweite Katastrophe schwerlich ereilt haben.

Der schleswig-holsteinische Krieg fällt nicht in den Bereich unserer Betrachtungen. Bei der k. k. Armee brachte er die mit dem ungestümen Daraufloslosgehen verbundene Stosstaktik sehr zu Ehren, die bald so verderblich werden sollte. Die Preussen erprobten ihr Zündnadelgewehr, ihre neue Taktik, mit einem Worte, ihren ganzen Kriegsapparat im Kleinen mit bestem Erfolge.

Dem Vorspiel in Schleswig-Holstein folgte das Drama in Böhmen. Eine schlagfertige, tapfere und kriegsgeübte österreichische Armee kämpfte gegen eine ihrer Mehrzahl nach auf dem Schlachtfelde noch aus unerfahrenen Soldaten bestandene preussische, welche den Sieg davontrug. Ihre bessere Bewaffnung und Taktik waren allerdings schwerwiegende Vortheile, der ausschlaggebende Moment war aber ihre Heeresorganisation, die der Urquell ihrer ausserordentlichen Kraftentwickelung, ihrer überwiegenden Intelligenz und ihres moralischen Uebergewichtes war. Während die Organisation der preussischen Wehrkraft eine Vervielfältigung ihrer Streitkräfte ermöglichte, die sich bis zur Donau herabsenkten, gestatteten unsere Wehrverhältnisse zur Zeit, als die Armee sich auf eigene grosse Staatsgebiete zurückzog, die einen mächtigen Rückhalt bilden sollten, eine verhältnissmässig geringe Steigerung unserer Widerstandsfähigkeit.

Wäre Se. k. Hoheit der durchlauchtigste Herr Erzherzog Albrecht, der Erbe der militärischen Tugenden seines grossen Vaters, mit einem Theile seiner Armee, die er in Italien zum Siege geführt hatte, nicht rechtzeitig an der Donau erschienen, so wäre die Monarchie noch grösseren Gefahren ausgesetzt gewesen. Aber ohne die in den Völkern Oesterreich-Ungarns innewohnende urwüchsige Kraft in Anspruch genommen zu haben, musste ein Frieden zum Abschluss gelangen, der mit dem Verluste einer zweiten Provinz gerade dort zu Stande kommen musste, wo unsere Waffen zu Lande und zur See siegreich waren.

Wenn nun etwas geeignet war, endlich jene energievolle Entschlussfähigkeit wachzurufen, die Regierungen wie Völker in grossen geschichtlichen Momenten zu entwickeln pflegen, so war es gewiss jene zu sehr ernsten Erwägungen auffordernde abnorme Erscheinung.

Nun erfolgte durch die hohen und edlen Inspirationen Sr. Majestät unseres erhabenen Monarchen die grosse Umgestaltung des Staates und seiner Wehrkraft.

Mit diesem Feldzug hatte die preussische Armee den zweiten noch bedeutungsvolleren Wendepunkt in diesem Jahrhundert in der Heeresorganisation, Bewaffnung und Taktik eingeleitet. Eine merkwürdige Fügung des Schicksals brachte es mit sich, dass zwischen der preussischen und französischen Armee durch die Revanche von Sedan für Jena nunmehr jener Rollenwechsel eintreten sollte, wodurch erstere die militärische Hegemonie in Europa errang.

Die Erfolge der preussischen Waffen hätten auch das starke Sicherheitsgefühl abschwächen sollen, in das sich Frankreich im blinden Vertrauen auf sein Prestige und auf die vermeintliche Unbesiegbarkeit seiner Armee wiegte. Die französische Armee hatte den grossen Vortheil, die Erfahrungen des böhmischen Feldzuges ausnützen zu können. Hatte dieser nicht genügt, um den Franzosen die Ursachen der Ueberlegenheit auf preussischer Seite klar zu machen, so hätte doch der Bericht des vielgenannten Obersten und gewesenen Militär-Attachés bei der französischen Gesandtschaft in Berlin, Baron Stoffel, über die Organisation und den Werth der preussischen Armee, sowie die mit seltener Offenheit und grossem Scharfblicke verfasste, unmittelbar vor der Luxemburger Frage erschienene Schrift des tüchtigen Generalen Trochu „L'armée française" über die Mängel und Schäden des französischen Heeres dem Kaiser und seiner Heeresleitung die Augen öffnen lassen.

Der Grössenwahn hatte aber in Frankreich bereits einen so hohen Grad erreicht, dass man mitunter behauptete, man brauche eigentlich den Preussen nichts nachzuahmen, denn am Ende hätten sie sich ja nur à la française geschlagen.

Dass Frankreich nach dem für die ganze militärische Welt höchst lehrreichen Feldzug von 1866 noch eine Katastrophe erleben, — ja, eine solche sogar selbst herbeiführen könnte, dachte wohl Niemand. Die Idee aber, 1868 eine Reorganisation der Armee vorzunehmen, um nach Ablauf von zwei Jahren Preussen, oder vielmehr im Sinne des durch Napoleon III. proclamirten Nationalitäts-Principes ganz Deutschland in die Schranken zu rufen, war hiezu gewiss das sicherste Mittel. Und wie war diese Reorganisation beschaffen? Das Princip der allgemeinen Wehrpflicht sollte zur Anwendung kommen, die Mobilgarde als volksthümliche Institution die Ausbeutung der intensiven Kraft Frankreichs ermöglichen. Aber man hing zu sehr an den mit dem bereits veralteten Conscriptionsheere eng verwebten Einrichtungen, als dass die allgemeine Wehrpflicht zur strengen Durchführung gelangen konnte. Nebst vielen Befreiungstiteln ging daher aus dieser sogenannten allgemeinen Wehrpflicht auch die Stellvertretung in anderer Form hervor. Mit der Errichtung der Mobilgarde nahm man es nicht ernstlich. Niel empfahl in seinem Organisations-Entwurfe ihr sofortiges Inslebentreten, aber Leboeuf sorgte wieder dafür, dass sie zum grössten Theile auf dem Papier bestehe und liess Advocaten, Grundbesitzer, Maires, ehemalige Armee- und sogar Seeofficiere zu ihren Bataillonschefs ernennen.

Die Armee wollte mit den Feinden Frankreichs allein fertig werden und blickte mit einer gewissen Vornehmheit auf eine Institution, auf die in Bezug ihres militärischen

Werthes jedenfalls der Ausspruch passte, den einst ein hervorragender französischer Militär über die preussische Landwehr thun zu können glaubte, bevor er ihre Bekanntschaft gemacht hatte, nämlich: „ce n'est une armée, ce n'est qu'une decoration pour enguirlander le monde ignorant."*

In der zwölften Stunde verwandelte sich das absolutistische Kaiserreich in ein constitutionelles mit dem bewährten Abstimmungs-Apparate suffrage universelle als Piedestal. Zum Uebergangsstadium in der militärischen Organisation gesellte sich nunmehr eine grosse politische Gährung, in die am Vorabend grosser Ereignisse das Land versetzt ward und von der in Folge der schmählichen Wühlereien der Demagogen auch die Armee nicht ganz unberührt blieb. Stimmte ja sogar ein ganzes Artillerieregiment gegen den Kaiser. Und in diesem Zustande allgemeiner Unfertigkeit wurde in dem Augenblicke ein Krieg gegen Deutschland vom Zaune gebrochen, als Frankreich durch die Rücknahme der Hohenzoller'schen Candidatur Seitens Preussens einen diplomatischen Erfolg aufzuweisen hatte. Aber wo waren die 1,500.000 französischen Streiter, die aus dem neuen Wehrgesetz hätten hervorgehen sollen, als die deutschen Heersäulen in's Land drangen? — Zum grössten Theile in den Evidenzlisten!

Es erfolgte die furchtbarste aller Katastrophen und zwar bei einer gleichen Bewaffnung — ein Factor, der im böhmischen Feldzuge wesentlich in die Waagschale fiel — bei der massenhaften Anwendung einer neuen Waffe, der Mitrailleusen, der grossen Gewandtheit der Franzosen im Einzelkampfe und endlich bei dem kriegerischen Charakter eines von hohem Nationalgefühl getragenen Volkes. Die Armee kämpfte endlich im eigenen Lande, dessen mächtige Ressourcen sie ausnützen konnte. Demungeachtet war im Verlaufe einiger Wochen fast die gesammte reguläre Armee mit ihrem Kaiser in feindlicher Gefangenschaft, während das Volk den Verzweiflungskampf noch Monate hindurch fortsetzte. Was hätte diese Kraft, wenn sie militärisch organisirt und disciplinirt gewesen wäre, nicht noch leisten können? So wurde die tapfere französische Armee vernichtet, Frankreich in ein grosses Unglück gestürzt.

---

* Sie ist keine Armee, sie ist nur ein Aufputz, um die unwissende Welt zu täuschen.

Selbstüberhebung, ein gänzliches Ignoriren der Erscheinungen und Anforderungen unserer Zeit hatten es herbeigeführt.

Nun vollzog sich auch in Frankreich der völlige Bruch mit der alten Heeresverfassung, die dort vor mehr als einem halben Jahrhundert als Muster einer militärischen Organisation für ganz Europa hervorgegangen war. Sedan bildete den Schlussstein in der Geschichte der alten Berufsheere. Es brach sich nunmehr die Erkenntniss Bahn, dass heutzutage keine Armee, und wäre sie auch die beste der Welt, im Stande ist, in Zeiten der Gefahr das Schicksal des Staates allein in die Hand zu nehmen, sobald sie nur auf ihre eigene Kraft angewiesen ist. Denn ein unglücklicher Zwischenfall kann ihren Widerstand brechen, und hat sie dann keine Stütze im Kern des Volkes, wodurch sie ihre Kräfte zu vervielfältigen vermag, so ist bei dem schnellen Verlaufe, den die Kriege jetzt nehmen, auch die ganze kriegerische Staatsaction vollends gelähmt. Deshalb beeilten sich denn auch alle Staaten, Oesterreich-Ungarn voran, die moderne Wehrverfassung anzunehmen.

Mit dem Principe der allgemeinen Wehrpflicht als Basis trachteten sie alle der Landwehr ähnliche Institute ins Leben zu rufen, die sich dem ersten Gliede der Wehrkraft, dem stehenden Heere anlehnend, die Bestimmung haben, es in seiner vollen Stärke für die Action im Felde verfügbar zu machen, eventuell selbst einzugreifen und endlich die Landesvertheidigung zu bilden.

Wie zu Anfang unseres Jahrhunderts, so trat auch nach den letzten Kriegen der allgemeine grosse Nachahmungseifer ein. Alle Armeen wetteifern auf dem Gebiete des Heerwesens, in der Ermittelung einer besseren Bewaffnung und taktischen Formen, wobei ihnen jedoch der grosse Wechsel, den die im Fluge fortschreitende Zeit auch in militärischen Dingen hervorgebracht hat und hervorbringt, zuweilen auch die Orientirung erschwert. Manche Einrichtungen, welche die Feldzüge der neuesten Zeit zu Tage förderten, wurden als Ursachen des Sieges bezeichnet und als Bürgschaften für den Sieg nachgeahmt.

Die sicherste Bürgschaft für den Erfolg im Kriege bleibt aber stets die Heeresorganisation, welche, sobald sie die ganze wehrfähige Volkskraft umfasst und in einer harmonisch belebenden Wechselwirkung erhält, die Grundlage zur allgemeinen Wehrhaftigkeit und zur Steigerung jener moralischen Triebfedern bildet, welche Nationen zur grössten Kraftäusserung befähigen. Eine solche Heeresorganisation kann selbstverständlich keine chablonmässige Nachbildung sein, sie muss dem Charakter und Eigenthümlichen der Völker und den gesammten Staatsverhältnissen angepasst sein. Sie muss im Ganzen eine geschickte Combination der Gegenwart mit der Vergangenheit darstellen, bei der den Anforderungen unserer Zeit vollends Rechnung getragen wird, ihre Erscheinungen aber auf organisatorische Grundsätze zurückgeführt werden. Sie muss den obersten Postulaten eines Heeres der Neuzeit nämlich, der grösstmöglichen Kraftentfaltung im Kriege mit der grösstmöglichen Schonung der Productionskraft und des Staatsschatzes im Frieden entsprechen.

Verhältnisse der Uebergangsperiode können dabei selbstverständlich nicht in Betracht kommen. Jede Organisation, geschweige denn eine förmliche Umgestaltung des ganzen Heerwesens, nimmt die Staatsfinanzen in ausserordentlicher Weise in Anspruch. Kargen in einer solchen Zeit, ist gleichbedeutend mit Verschwendung. Denn verabsäumt man im Frieden, den ganzen Kriegsapparat vollkommen operationsfähig zu machen und zu erhalten, so rächt sich die unzeitige Sparsamkeit im Mobilisirungsfalle — vorausgesetzt, dass es nicht an Zeit gebricht — in der grossen Vertheuerung des Materials, in der Unmöglichkeit, die Wehrkraft rasch zu sammeln und vollkommen auszurüsten, und schliesslich, was das Schlimmste ist, in den Misserfolgen vor dem Feinde.

II.
Zur Genesis des Wehrgesetzes von 1868.*

Im Vordergrunde des grossen Reformwerkes stand die Wehrfrage. Das veraltete Wehrsystem Oesterreichs ward beseitigt, ein den Ansprüchen unserer Zeit und der neuen Staatsform entsprechendes sollte an dessen Stelle treten. Jedermann war von der peremptorischen Nothwendigkeit der sofortigen Inangriffnahme der Heeresorganisation durchdrungen, aber die Wenigsten erkannten die grossen Schwierigkeiten, die mit einer beschleunigten Lösung der Wehrfrage verbunden waren. Es handelte sich nicht um specielle durchgreifende Reformen, die aus einem festen Staatsorganismus hervorgehen sollten. Jahrelange Versäumnisse erheischten Angesichts der Unfälle, welche unsere brave Armee getroffen hatten, die gänzliche Umgestaltung unseres Heerwesens inmitten eines grossen politischen Entwickelungsprocesses. Dieser musste in seinen Anfängen diesseits der Leitha zum mindesten zu einer staatenbildenden Form gelangt sein, um die Basis für die Fortentwickelung auf allen Gebieten des Staatslebens und in erster Linie für die Wehrkraft der österreichisch-ungarischen Monarchie zu erlangen.

Die noch immer ernste Weltlage mahnte zwar gebieterisch zur ungesäumten Consolidirung unserer Kriegsmacht, aber sie gebot gleichzeitig auch die grösste Vorsicht. Denn irgend eine unerwartete

---

* Die gänzliche Umgestaltung des Heerwesens einer Grossmacht ist ein epochales Ereigniss, das der Geschichte angehört. Der Verfasser wird mit dem ihm zu Gebote stehenden, ziemlich umfangreichen Materiale, das viel des Interessanten und mitunter auch Pikanten enthält, seiner Zeit sein Scherflein beitragen. Gegenwärtig beschränkt er sich auf eine chronologische Aneinanderreihung von Fragmenten, die genügen, um dem durch diesen Abschnitt angestrebten Zwecke zu entsprechen.

Eventualität konnte uns im Uebergangstadium überraschen und den grössten Gefahren aussetzen. Das alte System wäre beseitigt gewesen, das neue im Werden begriffen, und so hätten wir im Zustande völliger Desorganisation ernsten Ereignissen begegnen müssen.

Die grossen Lücken, welche die Feldzüge in Böhmen und Italien in den Reihen unserer Armee erzeugt hatten, mussten ohne Aufschub ausgefüllt werden. Dies konnte wieder nur mittelst einer das gewöhnliche Contingent weit überschreitenden ausserordentlichen Recrutenbewilligung auf Grund eines neuen Wehrgesetzes im legislatorischen Wege erreicht werden.

Mit dem Wiedererwachen des Constitutionalismus nahm, wie dies bei jähen Uebergängen stets der Fall ist, die politische Bewegung bald an Intensität zu. Alle Leidenschaften traten an die Oberfläche. Die extreme und gemässigte Opposition forderten in ihren Organen und im Parlamente eine selbstständige ungarische Armee, also den Dualismus in der Wehrkraft; die Majorität betonte wieder die Untheilbarkeit des Heeres, gleichzeitig aber auch die Nothwendigkeit der Errichtung einer ungarischen Landwehr. Und damit hatte die Deák-Partei jenen Standpunkt genau bezeichnet, der im Gesetze begründet war, die Einheit des gemeinsamen Heeres wahrte und bezüglich der Landesvertheidigung an die geschichtlichen Traditionen des heimischen Wehrwesens anknüpfte. Aber die Opposition beharrte die längste Zeit auf ihrem Standpunkte und da sie die Wehrfrage überhaupt dazu benützte, um politisches Capital gegen das Ministerium Andrássy und die Deák-Partei daraus zu schlagen, so ergaben sich nicht unerhebliche Schwierigkeiten.

Die Regierung musste auf der einen Seite das Misstrauen verscheuchen, auf der anderen beständig die Gegensätze bekämpfen, und hatte überhaupt mit einer Situation zu schaffen, wie sie schwieriger kaum gedacht werden kann. Es gehörte wahrlich ein hoher Grad staatsmännischer Klugheit, eine tiefe Kenntniss der Verhältnisse und Menschen, sowie der wahren Bedürfnisse des Landes dazu, um die wichtigste und dringendste aller Fragen mit Ruhe und Takt einer günstigen Lösung zuzuführen.

Alle Verhältnisse, besonders aber die politische Organisation des Landes, welche der militärischen, wie gesagt, vorausgehen musste, bedingten einen Aufschub der definitiven Lösung der Wehrfrage. Aber der Reichs-Kriegsminister konnte wieder nicht lange warten, denn er brauchte vor allem eine schlagfertige Armee. Auf diesen Posten war einer der begabtesten und ausgezeichnetsten Generale des k. k. Heeres, der gewesene Chef des Generalstabes des Siegers von Custozza, Feldmarschall-Lieutenant Freiherr von John, berufen worden. Unbekümmert um all' die vorerwähnten Erscheinungen und noch zu gewärtigenden Schwierigkeiten war er gleich nach Uebernahme des Kriegsportefeuilles zur Ausarbeitung eines neuen Wehrgesetz-Entwurfes geschritten.

Der a. u. Vortrag, mit dem der Kriegsminister diesen Entwurf dem Monarchen unterbreitete, verrieth ein klares Erkennen der damaligen militärischen Situation, einen höheren Aufschwung der Anschauungen bezüglich der bei der Reorganisation der Armee zu befolgenden Principien und den ernsten Willen zum raschen Handeln. In der Einleitung seines Vortrages bezeichnete der Kriegsminister zunächt die Ursachen der Misserfolge der k. k. Waffen mit gewohnter Offenheit, er sagte: „Eine der wesentlichsten Ursachen an dem für Oesterreich unglücklichen Ausgange des letzten Krieges im Norden war, nebst der mangelhaften Bewaffnung, die numerische Schwäche der Armee, mehr aber noch die verfehlte Organisation der Wehrkräfte.

„Die traurigen Erfahrungen Oesterreichs haben bereits die äusserste Rührigkeit und Energie anderer europäischen Mächte zu tiefgreifenden Reformen in allen Zweigen des Heerwesens geweckt; um wie viel mehr und dringender ist daher an uns die Pflicht herangetreten, den langjährigen, nicht als richtig erwiesenen Weg zu verlassen und Systeme zu ändern, deren Mangelhaftigkeit sich so schwer gerächt hat."

Ueber den Umfang der einen totalen Umschwung im Heerwesen bezeichnenden Reformen äusserte er: „Die Armee und die Bevölkerung fühlen, dass weitgehende und wichtige Reformen rasch ins Werk gesetzt werden müssen, und dass, während durch die Pflege des Handels, der Industrie, der Wissenschaft, der Justiz, sowie durch die Regelung der Finanzen die Wohlfahrt des Reiches begründet werden soll, zum vollen Schutze derselben auch die zweckmässige Einrichtung und ausgedehnteste Entwickelung der ganzen Wehrkraft des Kaiserstaates unbedingt damit Hand in Hand gehen müsse.

„Die Bevölkerung erkennt es, dass nur ein Wehrsystem welches alle Elemente des Volkes unter die Fahnen vereinigt, den Forderungen der Zeit entspricht.

„Von dieser Ueberzeugung geleitet, schien es mir als dringendstes Bedürfniss, das jetzt bestehende Heeres-Ergänzungswesen nach einer doppelten Richtung zu ändern; nämlich nicht allein dem stehenden Heere, nebst der numerischen Vermehrung, die bis jetzt ihm grösstentheils durch gesetzliche Befreiungen entzogene Intelligenz zuzuführen, sondern im Anschlusse an das Heer auch durch das Aufgebot aller wehrfähigen Männer die Wehrkraft des Reiches auf die grösstmögliche Höhe zu steigern, somit die allgemeine Wehrpflicht zur Wahrheit zu machen."

Der Reichs-Kriegsminister hob ferner die Nothwendigkeit hervor, mit der Verallgemeinerung der Wehrpflicht die dauernd beurlaubten Soldaten des Linien- und Reservestandes in Strafsachen, mit Ausnahme von Militärverbrechen, sowie in bürgerlichen Rechtsangelegenheiten der Civilgerichtsbarkeit unterzustellen und Erleichterungen bezüglich der Verehelichung eintreten zu lassen. Schliesslich folgte er der humanitären Richtung unserer Zeit, indem er eine Milderung der Strafnormen und die Einschränkung der entehrenden Strafen befürwortete.

Wir sehen also, dass der Reichs-Kriegsminister mit seinen Ideen auf der Höhe der Zeit stand, wenngleich er als einen wesentlichen Factor der Wehrkraft eine Institution, nämlich das allgemeine Wehraufgebot, bezeichnen zu können glaubte, deren militärischer Werth nur als sehr gering angeschlagen werden konnte. Darüber gab er sich wohl selbst am allerwenigsten einer Täuschung hin. Aber Feldmarschall-Lieutenant Freiherr von John musste zur damaligen Zeit vor allem darauf bedacht sein, eine bedeutende numerische Vermehrung der Armee in kürzester Zeit zu erlangen, dabei mit dem Bestehenden in vollkommener Fühlung zu bleiben und dafür zu sorgen, dass die Kraft der Armee im Ernstfalle nicht durch den Besatzungsdienst zersplittert werde. Und hiezu war das schnell organisirbare Wehraufgebot immerhin zu verwenden.

Der Reichs-Kriegsminister betonte, mit dem Hinweis auf seine grosse Verantwortlichkeit und den Ernst der Zeit, die Nothwendigkeit der sofortigen Durchführung seines Wehrgesetz-Entwurfes und wurde durch einen mit den letzten Verhandlungen* des Gesetz-Entwurfes über die gemeinsamen Angelegenheiten in Verbindung stehenden, jedenfalls beachtenswerthen Umstand in der Ansicht bestärkt, dass dessen Annahme gesichert sei. In der Minister-Conferenz wurde der Entwurf einer eingehenden Berathung unterzogen, auch gebilligt und dessen nachträgliche verfassungsmässige Behandlung festgestellt. Der Reichs-Kriegsminister hatte es demnach mit einem Provisorium zu thun, bei dem es sich hauptsächlich darum handelte, die in seinem Verordnungs-Entwurfe enthaltenen Aenderungen des Heeresergänzungs-Gesetzes vom 29. September 1858 zur Ausführung zu bringen. Hiezu war er bei der Dringlichkeit des hochwichtigen Gegenstandes mit a. h. Entschliessung Sr. Majestät vom 28. December 1866 auch ermächtigt worden. Der Wiener Reichsrath nahm den Entwurf auch in Verhandlung und erhob ihn bis zur gemeinsamen Austragung der Wehrfrage am 10. October 1867 mit provisorischer Rechtsgiltigkeit zum Gesetz.

Der ungarische Reichstag aber richtete am 12. Jänner 1867 an Sc. Majestät eine a. u. Adresse, in welcher er sich gegen die provisorische Durchführung der Bestimmungen jenes Entwurfes aussprach. Mittelst a. h. Rescriptes vom 17. Februar d. J. wurde denn auch die Durchführung desselben für Ungarn und Siebenbürgen bis zur verfassungsmässigen Regelung der Wehrfrage sistirt. Dagegen votirte der ungarische Reichstag, um bis zur Vereinbarung des neuen Wehrgesetzes die Wehrkraft des Landes durch die unaufschiebbare Ergänzung der ungarischen Regimenter auf jenen Stand zu setzen den die Sicherheit beider Staatsgebiete Sr. Majestät erheischte, die sofortige Aushebung von 38.000 Recruten, welche die Altersclassen von 1847, 1846 und 1845 in sich fasste. Diese Recruten wurden auf Grund einer vom ungarischen Reichstage vereinbarten provisorischen Novelle vorbehaltlich der nachträglichen Anwendung der Bestimmungen des neuen Wehrgesetzes assentirt.

---

* Im grossen Ministerrathe zu Wien, an welchem der präsumtive ungarische Ministerpräsident Graf Andrássy und der Judex Curiae von Majláth theil nahmen.

Der Ministerpräsident war mit der politischen Organisation des Landes und vielen anderen hochwichtigen Angelegenheiten zu sehr beschäftigt, als dass er sich in seiner Eigenschaft als interimistischer Landesvertheidigungs-Minister mit der Wehrfrage eingehend hätte befassen können. Nachdem aber dieselbe diesseits der Leitha zu einer Parteifrage gemacht wurde, so musste das Terrain zuerst förmlich geebnet werden, und dies nahm viel Mühe, Geduld und Zeit in Anspruch.

Der Reichs-Kriegsminister glaubte wieder nicht mehr Zeit verlieren zu können und urgirte mittelst Zuschrift Nr. 2461 vom 30. Juni zuerst selbst und sein Stellvertreter, der Herr Feldmarschall-Lieutenant Freiherr von Rossbacher, mittelst Zuschrift Nr. 2977 vom 12. August 1867 die Inangriffnahme der Berathungen über seinen Wehrgesetz-Entwurf.

Zur Aufnahme dieser Berathungen wurde Seitens des Reichs-Kriegsministeriums der Generalstabs-Oberst Grivičič nach Ofen entsendet — als Vertreter des k. ungarischen Ministerpräsidenten fungirte der mit der Leitung der Agenden des k. ungarischen Landesvertheidigungs-Ministeriums betraute Sectionsrath * G..... Schon am 23. August begannen die Verhandlungen zwischen den Vertretern beider Ministerien und währten bis zum November. Wenn auch die Einzelheiten dieser Berathungen interessante Streiflichter auf die damaligen Vorgänge und handelnden Personen werfen, so können wir jetzt auf dieselben um so weniger eingehen, als sie uns weit über das unserem Werke vorgesteckte Ziel führen würden.

Den Schwerpunkt der Verhandlungen bildete selbstverständlich die Frage, wie die an die Stelle des Wehraufgebotes zu creirende Landwehr beschaffen sein sollte. Hierüber wünschte der Reichs-Kriegsminister die Ansichten des k. ung. Landesvertheidigungs-Ministeriums zu vernehmen. **Dieses stand bezüglich der Lösung der Wehrfrage vollkommen orientirt da.** In keinem Lande war die Wehrfrage mit einem solchen Eifer und einer solchen Gründlichkeit ventilirt worden, wie in Ungarn. Schon während des Feldzuges von 1866 begann in der Journalistik und in

---

* Der Posten des Staatssecretärs und Ministerialrathes blieben vom Monate Juli 1867 bis Jänner 1869 unbesetzt. Die Arbeitskräfte des Ministeriums waren bei seiner Entstehung sehr gering — seine Leistungen dagegen sehr umfangreich. Wir werden dieselben in einem anderen Werke schildern.

selbstständigen Schriften die Discussion, welche dann mit gesteigerter literarischer Rührigkeit fortgesetzt wurde. Wenn man die unvermeidlichen publicistischen Auswüchse von dem guten Materiale schied, so traten im Allgemeinen auf fachmännische Studien und Erfahrungen basirte nüchterne Ansichten zu Tage. Der kriegsministerielle Wehrgesetz-Entwurf war gleich bei seiner Veröffentlichung einer eingehenden Besprechung unterzogen worden. Dasselbe geschah auch in der im Mai 1867 bei Emich in Pest erschienenen Brochure: „Tájékozás a hazai hadrendszerröl alkotandó törvényjavaslat körül" (Zur Orientirung über den zur Organisation der heimischen Wehrkraft zu vereinbarenden Wehrgesetz-Entwurf). In dieser Schrift wurden die bestehenden Heeresformen besprochen, die für die österreichisch-ungarische Monarchie anzunehmende bezeichnet, die Hauptmomente der Heeresorganisation eingehend discutirt und das auf Ungarn entfallende Contingent ziffermässig nachgewiesen. Mit einem Worte, diese Schrift umfasste einen vollständigen Entwurf, der in vielen Punkten mit dem später ausgearbeiteten in Uebereinstimmung stand. Seine Ansichten über die Nothwendigkeit und Beschaffenheit der zu errichtenden Landwehr entwickelte der Vertreter des k. ung. Landesvertheidigungs-Ministeriums in einem längeren Memorandum, in welchem es unter Anderem hiess: „Was den zweiten Theil des Wehrgesetz-Entwurfes betrifft, der sich speciell auf die Organisation der zur Landesvertheidigung bestimmten Wehrkraft bezieht, so erscheint die Bildung eines sogenannten Wehraufgebotes im Kriege aus folgenden Gründen unzulänglich:

1. „Weil ein solcher Wehrkörper entschieden den Charakter eines Landsturmes an sich trägt und demnach nicht die Widerstandsfähigkeit besitzt, welche eine Defensivkraft haben muss, die dazu bestimmt sein soll, der operirenden Armee als Stütze zu dienen und eventuell in die Action selbst einzugreifen."

2. „Weil die Bedingungen einer guten Landesvertheidigung in einer soliden Friedens-Organisation fussen müssen."

3. „Weil die Organisation der Landesvertheidigung nicht in allen Ländern des Reiches nach einer Chablone durchgeführt werden kann, sondern dieselbe der Bedeu-

tung des Landes nach seiner geographischen Lage, seinem Umfange, den territorialen Verhältnissen und endlich den nationalen Eigenthümlichkeiten der Völker angepasst sein muss."

„Von diesen Gesichtspunkten ausgehend, kann sich das k. ung. Landesvertheidigungs-Ministerium mit Hinblick auf die Gesammtsumme der in 3 Punkten hervorgehobenen Factoren, welche in Bezug des zur ungarischen Krone gehörigen Ländercomplexes dessen hochwichtige politische und militärische Stellung constatiren, nur für das Inslebentreten einer schon im Frieden organisirten und vollkommen widerstandsfähigen Defensivkraft entscheiden, als die es die Landwehr bezeichnet."

Am Schlusse des Memorandums wurde in allgemeinen Umrissen die Art der zu errichtenden Landwehr skizzirt. Nach einigen weiteren Auseinandersetzungen einigte man sich für die Annahme des Landwehrsystems statt des, wie vorher erwähnt, mehr für die momentane Lage berechnet gewesenen Wehraufgebotes.

Im Allgemeinen war das Resultat der zwischen beiden Ministerien gepflogenen Verhandlungen folgendes: Die Aenderung der Heeresgliederung, der Dienstzeit, der §§ 2, 3, 7, 11, die Streichung der §§ 4, 13, 14, 15, 16, 17, 21 und die gänzliche Beseitigung des Entwurfes über das Wehraufgebot. Nun schritt der Vertreter* des k. ung. Landesvertheidigungs-Ministeriums, Sectionsrath G . . . . ., zur Ausarbeitung eines neuen Wehrgesetz-Entwurfes, den ebenfalls ein längeres Exposé erläuterte.

Schon nach einigen Tagen wurde der Ministerpräsident als interimistischer Landesvertheidigungs-Minister mit seinem Referenten nach Wien berufen, wo auf Anregung des Reichs-Kriegsministers eine sogenannte Generals-Commission einberufen worden war, um endlich einen definitiven Wehrgesetz-Entwurf festzustellen. Diese Commission bestand aus nachstehenden distinguirten Generalen: aus den Feldzeugmeistern Freiherrn von Ramming, Grafen Huyn, Grafen von Saint-Quentin, von Hartung und von Alemann, den Feldmarschall-Lieutenants Freiherrn von Phillipovich, Freiherrn von Rossbacher,

---

* Dieser Entwurf ist in Folge eines damals eingetretenen Zwischenfalles als eine private Arbeit zu betrachten, wesshalb bei Bezeichnung der Autorschaft der Collectivname nicht zulässig ist.

Freiherrn von Edelsheim, von Möring und Gallina, den General-Majoren Freiherrn von Appel, Freiherrn von Catty und Grivičič, der nach Beendigung der vorerwähnten Berathungen mit dem k. ung. Landesvertheidigungs-Ministerium am 28. Jänner 1868 befördert worden war.

In richtiger Würdigung unserer Verhältnisse hatte Graf Andrássy ein besonderes Gewicht darauf gelegt, dass die letzten ministeriellen Berathungen über das Wehrgesetz in Ofen stattfänden, und es blieb Ungarn bei jener Commission überhaupt unvertreten.

Am 18. Jänner 1867 reichte der Feldzeugmeister Freiherr von John als Reichs-Kriegsminister seine Demission ein. Wenn man die Schwierigkeiten erwägt, die sich aus seiner Situation nach dem unglücklichen Kriege von 1866 ergaben, und die eigenthümlichen Verhältnisse in Betracht zieht, mit welchen der mehr einer conservativen Richtung huldigende hochbegabte General sich zu befreunden hatte, so muss seinem Wirken im ersten Stadium der Wehrfrage die grösste Anerkennung gezollt werden. Hohe Verdienste hatte er sich aber schon dadurch erworben, dass er in seinem Entwurfe jene Principien zur Geltung brachte, die später vollends zur Verwirklichung gelangten. **Es ist viel schwieriger bei einem grossen Werke die Bahn zu brechen, als auf derselben fortzuschreiten. Aber die sogenannte Pionnierarbeit ist bekanntlich eine mühsame, aber keine dankbare.**

Sein Nachfolger war der Feldzeugmeister Freiherr von Kuhn, der sowohl wegen seiner militärischen, als auch seiner allgemeinen Kenntnisse einer der befähigsten Generale des k. k. Heeres ist. Als Kriegsminister war er der Mann eines mehr radicaleren Umschwunges, wie ihn so ausserordentliche Verhältnisse erheischten. Er erkannte den ungeheuern Umfang der zu überwältigenden organisatorischen Arbeiten, die zur völligen Sanirung unseres Heerwesens durchgeführt werden mussten, wollte man nicht auf halbem Wege stehen bleiben. Sein erstes Augenmerk wandte er selbstverständlich der Wehrfrage zu, für deren Lösung die Basis bereits geschaffen war.

Die General-Commission beschloss unter seinem Vorsitze ihre Arbeiten. Das Resultat war ein umfangreiches Protokoll, das über die bei den Berathungen zu Tage getretenen Ansichten sehr interessante Aufschlüsse gibt. Wir müssen uns indessen darauf beschränken, zu constatiren, dass die Gegensätze durch den geistreichen

Feldmarschall-Lieutenant von Möring und den tüchtigen Reitergeneral Freiherrn von Edelsheim vertreten waren. In die Oeffentlichkeit drang über die Berathungen der General-Commission nichts, umsomehr beschäftigte sich aber mit ihnen die Journalistik.

Um nun den vielen Gerüchten ein Ende zu machen, erschien am 25. März 1867 ein officiöses Communiqué des Inhalts: „Die nach Wien wegen Reorganisation der Armee berufene General-Commission hat ein besonders reiches Materiale vorgefunden, doch wurde nach erfolgter Sichtung ein vorzügliches Augenmerk nur dem vom Oberstlieutenant Horst ausgearbeiteten Elaborate und der vom Sectionsrathe G . . . . . entworfenen Wehrgesetz-Vorlage geschenkt.

Der Ausarbeitung des neuen Wehrgesetz-Entwurfes haben demnach beinahe ausschliesslich die beiden erstgenannten Elaborate zu Grunde gelegen.

Als das nach dem vorstehenden Communiqué vorgefundene reichhaltige Material über die Wehrfrage den Destillirungs-Apparat der General-Commission passirt und sich in einen abermals neuen Wehrgesetz-Entwurf entpuppt hatte, war man wieder am Anfange einer neuen Serie von Berathungen angelangt. Den Reigen derselben bildete die Revision jenes Wehrgesetz-Entwurfes durch die beiden Landesvertheidigungs-Minister mit dem Reichs-Kriegsminister in Ofen. Ausserdem unterzog Graf Andrássy den Entwurf einer Berathung Seitens hervorragender Landtagsdeputirten.

Der Regierung stand zwar eine grosse compacte Majorität zur Seite, auch ward sie von der öffentlichen Meinung getragen, auf deren Unterstützung sie mit umsomehr Gewissheit zählen konnte, als ihr Streben die Wehrfrage in einer alle Theile befriedigenden Lösung zuführen zu wollen, längst erkannt worden war. Allein diese hochwichtige Frage, deren endgiltige Austragung den Schlussstein des staatsrechtlichen Ausgleiches von 1867 bilden sollte, fesselte das Interesse aller Parteien im hohen Grade und es herrschte, trotz der principiellen Meinungsverschiedenheit in wesentlichen Punkten, zwischen der Majorität und der gemässigten Opposition eine volle Uebereinstimmung.

Waren auch die Ideen in Deputirtenkreisen geläutert worden und war man auch zur Zeit, als die Wehrfrage sich dem letzten entscheidenden Stadium der reichstägigen Verhandlung näherte, bereits über die Principien im Klaren, auf welchen das neue Wehrsystem ruhen sollte, so war dies bezüglich der Details nicht der Fall. Graf Andrássy beobachtete demnach ein sehr praktisches Vorgehen, indem er die Capacitäten und einflussreichen Männer des Parlamentes mit dem Inhalte des Wehrgesetz-Entwurfes sofort bekannt machte und in eine privative Discussion über denselben eintrat.

Anfangs Mai tagte im Palais des Ministerpräsidenten in Ofen eine engere Minister-Conferenz, deren Mitglieder Graf Andrássy, der Reichs-Kriegsminister Freiherr von Kuhn, Graf Taaffe, Freiherr von Becke und die beiderseitigen Referenten, der Oberst und Chef der zweiten Abtheilung des Kriegsministeriums von Reitz und Sectionsrath G..... waren. Auf Wunsch des Grafen Andrássy wurde, nachdem der Kriegsminister die Bedenken wegen der ausserdienstlichen Stellung hatte fallen lassen, auch der damalige k. k. pensionirte Titulatur-Rittmeister Graf Schweinitz* den Berathungen beigezogen. In dieser Conferenz wurde die Art der Ergänzung der Landwehren festgestellt, einige Aenderungen, Zusätze, und in Folge dessen stylistische Umschreibungen vorgenommen. Der Wehrgesetz-Entwurf** wurde in zweiter Auflage im k. ungarischen Landesvertheidigungs-Ministerium lithographirt.

Am 28. Mai kam Se. Majestät nach Pest-Ofen, wo unter Allerhöchstderen Vorsitze der Entwurf einer abermaligen Revision unterzogen wurde. An diesen Berathungen nahmen Theil: Der Ministerpräsident, der Reichs-Kriegsminister, Freiherr von Becke, der General-Major und Sectionschef im Kriegsministerium von Benedek, der Chef der a. h. Militär-Centralkanzlei Oberst Ritter von Beck mit dem Hauptmann Freiherrn v. Teuffenbach, Oberst Reitz, Oberstlieutenant Horst als Referenten des Kriegsministeriums und Sectionsrath G.....

---

* Gegenwärtig k. ungarischer Landwehr-Oberstlieutenant in Pension, nahm seit jener Zeit an den meisten Berathungen Theil und wurde als Expert in der mit den Vorarbeiten für die Organisation der k. ungarischen Landwehr betrauten Commission verwendet.

** So interessant auch der Nachweis der verschiedenen Wandlungen wäre, die der ursprüngliche Entwurf bis zur Erhebung zum Wehrgesetze durchzumachen hatte, so müssen wir darauf verzichten, weil es, wie wir bereits sagten, gegenwärtig nicht in unserer Absicht liegen kann, eine Geschichte der Umgestaltung unseres Heerwesens zu schreiben, wohin die successive Entwickelung des Entwurfes bis zur Erhebung zum Wehrgesetz gehört.

des k. ungarischen Landesvertheidigungs-Ministeriums. In dieser Conferenz erfuhr der Wehrgesetz-Entwurf wieder einige Modificationen, bei welchen theils auf den früheren Text zurückgegriffen und Berichtungen, sowie Ergänzungen von Paragraphen vorgenommen wurden, welche wieder stylistische Aenderungen nothwendig machten, mit deren Formulirung die beiderseitigen Referenten betraut wurden. Dann wurde der Wehrgesetz-Entwurf in dritter Auflage im Reichs-Kriegsministerium lithographirt und von dessen Referenten gefertigt, als endgiltige Vorlage für den ungarischen Reichstag nach Ofen gesendet.

In dieser Fassung erfolgte dann die Uebersetzung und Drucklegung des Wehrgesetz-Entwurfes in ungarischer Sprache und am 27. Juni brachte der Ministerpräsident als provisorischer Landesvertheidigungs-Minister denselben als Gesetzvorlage im ungarischen Abgeordnetenhause ein. Von diesem an den Fünfzehner-Wehrausschuss unter dem Präsidium Moriz Perczel überwiesen, wurde der Entwurf von Paragraph zu Paragraph auf das Eingehendste durchberathen. Bei den wichtigeren entspannen sich langandauernde Debatten. Unter den Mitgliedern des Ausschusses befanden sich auch einige ehemalige Militärs, die in Fragen der Heeresorganisation ziemlich bewandert waren. Die der Opposition angehörigen Mitglieder gaben zwar der Sehnsucht nach einer selbstständigen ungarischen Armee noch einmal Ausdruck, aber es fehlte die frühere Accentuirung. Man gewahrte bald, dass es sich um eine Opposition handle, um, wie der Engländer sagt: „to push the business".

Am Schlusse der Berathungen, denen Graf Andrássy und sein Referent beiwohnten*, hatte der Wehrgesetz-Entwurf wesentliche Aenderungen innerhalb der unberührt gebliebenen Heeresgliederung erfahren, die abermals eine stylistische Umarbeitung vieler Paragraphe nothwendig machten. Nun wurde der Wehrgesetz-Entwurf in vierter Auflage dem Drucke übergeben. Am 30. Juli erstattete Kerkapoly dem Hause über die Wehrgesetz-Vorlage Bericht, in welchem er die Vorzüge des anzunehmenden Wehrsystems hervorhob. Dem ernsten Vortrage folgte ein heiteres Intermezzo. Herr Madarász hatte wieder einmal das Bedürfniss gefühlt, sich gleichwie bemerkbar zu machen, und zu diesem Ende im Namen der Extremen die Reso-

---

* Bei zwei Sitzungen waren auch der Reichs-Kriegsminister General-Major Benedek und Oberstlieutenant Horst anwesend.

lution eingebracht, die Regierung möge einen vernünftigeren Wehrgesetz-Entwurf ausarbeiten lassen als diesen, der, seiner Meinung nach, nur zu Gunsten der Aristokraten geschrieben worden sei. Moriz Perczel bekämpfte ihn mit schlagenden Argumenten. Auch Tisza wandte sich mehr gegen die äusserste Linke als gegen die Vorlage, deren Vorzüge er gleichfalls anerkannte.

Nachdem Seitens der Opposition noch Ghyczy, Várady, Ivánka u. a. m. das Wort ergriffen hatten, hielt der Ministerpräsident Graf Andrássy am 1. August seine mit grosser Spannung erwartete Rede, die in dem Satz culminirte: „Die Sonderstellung der ungarischen Armee würde Diejenigen künstlich von einander getrennt haben, die dazu berufen sind, gemeinsam und mit vereinten Kräften die Monarchie zu vertheidigen." Am 3. August liess sich Franz Deák vernehmen, der die Wehrfrage mehr vom staatsrechtlichen Standpunkte aus beleuchtete: „Ungarische Regimenter," sagte er, „werde es auch fernerhin geben, eine ungarische Armee aber, abgesondert und mit eigener Führung, habe nie existirt, sei von der Legislative nie gefordert worden. Die Subsidien habe der Landtag stets nur für eine Armee Sr. Majestät bewilligt. Der Landtag von 1790 habe, wie scharf er auch die Unabhängigkeit Ungarns betonte, von einer abgesonderten ungarischen Armee nichts gesagt, sondern die Completirung der ungarischen Regimenter Sr. Majestät votirt. Auch in den 48er Artikeln käme das Wort: „ungarische Armee" nur in demselben Sinne wie 1790 vor." Am 4. August wurde mit 235 gegen 43 Stimmen beschlossen, in die Specialdebatte einzugehen.

Bei derselben versuchten am 5. August einige hervorragende Mitglieder der Linken, einen Antrag durchzusetzen, der die Unterstellung der ungarischen Linien und Reserve-Regimenter in Bezug gewisser Angelegenheiten unter das k. ung. Landesvertheidigungs-Ministerium bezweckte.

Diesem Antrage trat der unvergessliche Eötvös mit einer entschiedenen Replik entgegen, die mit der treffenden Bemerkung endigte: „Sobald man die Gemeinsamkeit der Vertheidigung anerkennt, wäre es geradezu eine Verletzung des Constitutionalismus, hier den gemeinsamen Kriegsminister zu beseitigen, der dabei die einzig mögliche verantwortliche Persönlichkeit ist." Hierauf schritt das Haus über diesen Antrag zur Abstimmung, der mit 136 gegen 77 Stimmen verworfen wurde. Nach einer einwöchentlichen Specialdebatte wurde endlich am 8. August das Wehrgesetz in dritter Lesung mit 102 gegen 83 Stimmen, das Landwehr- und Landsturmgesetz aber vom ganzen Hause — mit Ausnahme der kleinen Schaar der Unabhängigkeitspartei — einstimmig angenommen. Am 10. August nahm auch das Oberhaus die Beschlüsse des Unterhauses an, und so kam das schwierige Werk, dessen Vollendung **zwei volle Jahre** in Anspruch genommen hatte, welche glücklicherweise friedlich verliefen, auch in legislatorischem Wege zum Abschlusse.

Einen noch schnelleren Verlauf nahmen die Verhandlungen über den Wehrgesetz-Entwurf im Wiener Reichsrathe, wo er erst am 10. November eingebracht wurde. Die Opposition hatte sich zwar zu einem heftigen Kampfe gerüstet, den sie aber, Angesichts der imposanten Majorität, gleich nach den ersten Anläufen aufgeben musste. In drei Tages- und ebensoviel Nachtsitzungen wurde der Entwurf durchberathen und am 13. November mit 118 gegen 20 Stimmen angenommen. * Mit diesem Beschlusse des Wiener Reichsrathes ward das grosse Ausgleichs-Werk von 1867 besiegelt.

Ein Ereigniss hatte inzwischen in Ungarn alle Gemüther mit grosser Freude erfüllt. Es war die durch Se. Majestät erfolgte Ernennung Sr. k. Hoheit des durchlauchtigsten Herrn Erzherzogs Joseph zum Obercommandanten der zu creirenden k. ung. Landwehr. Die Liebe und Anhänglichkeit, mit der die ganze Nation an die durchlauchtigste Familie Sr. k. Hoheit hing, die pietätsvolle Erinnerung an den erhabenen Vater und Bruder als letzte Palatine des Königreiches Ungarn sind Momente, die uns einer näheren Beleuchtung der Bedeutung jener Ernennung entheben, durch welche

---

* Zur Berathung des Landwehrgesetzes hatte der Wiener Reichsrath keine Zeit mehr, da die bevorstehende Mandatserlöschung des ungarischen Reichstages die Nothwendigkeit einer schleunigen Austragung der letzten staatsrechtlichen Frage bedingte. Uebrigens kam beim Landwehrgesetze jenseits der Leitha das Verhältniss zu Ungarn nicht so sehr in Betracht, und so wurde es denn auch erst am 15. März 1869 in Verhandlung genommen und in jenem Monate auch mit überwiegender Majorität votirt.

die baldige Verwirklichung einer im ganzen Lande höchst populären Idee mit einem illustren Mitgliede der allverehrten Familie glücklich in Verbindung brachte.

Bald sollte auch Se. k. Hoheit sich als Landwehr-Obercommandant an der Ueberprüfung jener organisatorischen Vorarbeiten betheiligen, die im k. ung. Landesvertheidigungs-Ministerium zu Ende geführt worden waren. Schon im Monate Juni hatte Graf Andrássy eine Commission mit diesen Vorarbeiten betraut, deren Mitglieder Sectionsrath G..... und Ministerial-Secretär Aschermann* des Landesvertheidigungs-Ministeriums, dann der ehemalige k. k. Oberstlieutenant, spätere Honved-General von Vetter und der k. k. pensionirte Titular-Rittmeister Graf Schweinitz als Experten waren. Diese Vorarbeiten umfassten nachstehende Entwürfe, als: 1. Zur definitiven Organisation des k. ung. Landesvertheidigungs-Ministeriums. 2. Das Landwehr-Statut. 3. Eintheilung der Landwehr-Bataillons-Bezirke und der Cavallerie-Cadres. 4. Für die Bekleidung, Ausrüstung und Bewaffnung der k. ung. Landwehr. 5. Budget-Entwurf für die k. ung. Landwehr auf ein Friedensjahr.

Ein Theil der vorerwähnten Entwürfe war unter Beiziehung des Hauptmannes Freiherrn von Teufenbach und unter dem Vorsitze des Chefs der a. h. Militär-Central-Kanzlei, Obersten Ritter von Beck, durchberathen worden, der sowohl in der Wehrfrage als bei allen anderen organisatorischen Arbeiten eine Thätigkeit entwickelte, die, ausserhalb seines umfangreichen Ressorts liegend, eine ausserordentliche genannt werden muss. Diese Thätigkeit war aber auch ein sprechender Beleg für den Ernst, mit dem man an massgebendster Stelle für das Inslebenrufen einer lebensfähigen Landwehr wirkte. Die Militär-Central-Kanzlei Sr. Majestät stellte den im k. ung. Landesvertheidigungs-Ministerium ausgearbeiteten Entwürfen mehrere Elaborate entgegen und zur Verfügung, die eine tiefe Sachkenntniss verriethen und manche der vorgenannten an Gründlichkeit übertrafen.

---

* Wurde 1869 Sectionsrath im k. ung. Landesvertheidigungs-Ministerium, 1871 Oberst und Commandant des k. ung. II. Landwehr-Districtes, 1876 mit Verleihung des Ordens der eisernen Krone für die bei der Organisirung der k. ung. Landwehr erworbenen Verdienste pensionirt; ist gegenwärtig Commandant der Monturs-Commission.

Wenn wir jener Vorarbeiten Erwähnung thun, die mit der Genesis des Wehrgesetzes nicht im Zusammenhange stehen, so geschieht es nur deshalb, weil mit ihnen jene umfangreiche organisatorische Thätigkeit zum Abschluss gelangte, welche die Basis zur gründlichen Reformirung unserer Wehrkraft bildete.

Am 15. October wurde endlich in der Ofner Hofburg eine letzte und engere Conferenz unter dem Vorsitze Sr. Majestät abgehalten, die einige Tage in Anspruch nahm. An derselben nahmen Theil: Se. k. Hoheit der durchlauchtigste Herr Erzherzog Joseph, Obercommandant der k. ung. Landwehr, Se. Excellenz der Ministerpräsident Graf Andrássy, Herr Oberst Ritter von Beck und Sectionsrath G..... Bei diesen Berathungen, die Se. Majestät bis in die kleinsten Details leitete, wurde vor Allem das Wehrgesetz vor der a. h. Sanction noch einmal paragraphenweise verlesen und dann die Vorarbeiten für die zu errichtende k. ung. Landwehr vorgenommen.

Am 5. December 1868 erfolgte die Publication des sanctionirten Wehrgesetzes. An jenem denkwürdigen Tage legte Se. Majestät unser erhabener Kriegsherr den Grund zur Entfaltung einer imposanten Kriegsmacht, deren bisherige Entwickelung auf der Bahn des Fortschrittes wir nunmehr veranschaulichen wollen.

III.
Durchführung des Wehrgesetzes von 1868.
Die allgemeine Wehrpflicht.

Die Kriege unserer Zeit bedingen zur Erzielung eines schnellen und sicheren Erfolges das Auftreten von Massenheeren. Zur Erreichung des Staatszweckes muss demnach die ganze verfügbare Kraft eingesetzt werden, die Bevölkerung ein imposantes wehrfähiges Ganzes repräsentiren.

Die heutige Kriegführung erheischt aber auch selbstdenkende und handelnde Soldaten. Beides, die Massenentfaltung und geistige Potenzirung im Heere ist nur durch eine strenge und gewissenhafte Durchführung der allgemeinen Wehrpflicht erreichbar. Es muss aber der Staatsbürger ihre grosse Bedeutung auch ihrem vollen Umfange nach kennen. Ein Decennium ist hierzu ein zu kurzer Zeitraum. Als eine in alle Fasern des Volkslebens tief eingreifende Massregel wird sie, insolange sie sich nicht eingelebt hat, nur einseitig, und zwar eben nicht von der günstigsten Seite beurtheilt. Darum kann man ihre Bedeutung nicht oft genug hervorheben. Die allgemeine Wehrpflicht ist für die gebildeten Stände allerdings mit manchen Unannehmlichkeiten verbunden, aber es werden dieselben durch die ihnen zugestandenen Begünstigungen abgeschwächt.

Als oberster Grundsatz muss aber die grösstmögliche Einschränkung der Ausnahmen gelten. Denn nur dann wird der Einzelne in der Begründung seiner bürgerlichen Laufbahn keine empfindliche Einbusse erleiden, wenn alle seine Berufsgenossen der Wehrpflicht entsprechen müssen. Die Nachtheile gleichen sich aus, sobald die Concurrenz keinen Spielraum hat.

In früheren Zeiten trug bei den unteren Volksclassen, die ausschliesslich das Heer ergänzten, das Bewusstsein, dass sie nebst allen anderen Lasten auch die sogenannte Blutsteuer allein zu tragen hatten, dazu bei, die Gegensätze zwischen ihnen und den gebildeten Ständen hervorzukehren und sogar bis zur Feindschaft zu schärfen. Jene Gegensätze werden durch die Verallgemeinerung der Wehrpflicht ausgeglichen. Der Landmann geht, wie es bei uns bereits wahrzunehmen ist, nicht mit jenem Widerwillen zum Assentplatz, weil er an seiner Seite Bürger aller Stände sieht und seiner Dienstpflicht im Heere unter viel leichteren Bedingungen nachkommen kann.

Die Verschmelzung aller Elemente im Heere trägt zur Verbreitung der Bildung und Anregung des Ehrgefühls unter den minder gebildeten Soldaten bei. Die Armee, durch Einbeziehung aller Schichten der Gesellschaft zum Waffendienste intellectuell und moralisch gehoben, wird zu einer Schule für das Volk, aus der ordnungsliebende Bürger hervorgehen. Die allgemeine Wehrpflicht bildet die Grundlage des modernen Heeres, das seiner überwiegenden Mehrzahl nach aus Soldaten bestehen soll, die zu den Waffenübungen und im Ernstfalle einberufen werden, um dann wieder in ihr bürgerliches Verhältniss zu treten. **Das Heer unserer Tage steht daher im Gegensatze zum alten Berufsheere im engsten Zusammenhange mit dem Volke, aus dem es hervorgeht und durch das es zum grossen Theile repräsentirt wird.**

Die allgemeine Wehrpflicht, zweckmässig ausgenützt, sichert endlich dem Heere die erforderliche Anzahl von Ober- und Unterofficieren im Kriegsfalle. Dies sind unter Anderem die Vorzüge, die aus der Anwendung des Principes, dass jeder Staatsbürger für den Genuss seiner Rechte auch Pflichten habe, auf die Vertheidigung des Thrones und Vaterlandes, entspringen.

In der österreichisch-ungarischen Monarchie wurde die allgemeine Wehrpflicht mit dem § 1 des Gesetzartikels XL vom Jahre 1868 decretirt, ihre Durchführung lässt aber noch so Manches zu wünschen übrig. Man darf übrigens nicht vergessen, dass wir, so zu sagen, noch am Anfange ihrer Anwendung sind. Wurde ja die allgemeine Wehrpflicht in Preussen erst mit der Armee-Reorganisation vom Jahre 1862 zur vollen Wahrheit. Das beste Wehrgesetz kann aber zum Nachtheile der Wehrkraft alterirt werden, wenn dessen Interpretirung in Form eines dickleibigen Buches von Durchführungs-Bestimmungen mehr Ausnahmen enthält, als nothwendig sind. Damit soll nicht etwa gesagt werden, dass man die allgemeine Wehrpflicht im Frieden rücksichtslos handhaben sollte, im Gegentheil, es wäre ein grosser Fehler, wenn man nicht alle nur möglichen Erleichterungen eintreten liesse. Aber es gibt mit Rücksichtsnahme auf unsere Verhältnisse Bestimmungen, die im Interesse des Heeres zu ändern wären.

Die allgemeine Wehrpflicht erstreckt sich in erster Linie auf den eigentlichen Kriegsdienst, dem sich jeder Bürger, der die körperliche Eignung besitzt, unterwerfen muss. Nun werden sowohl im Frieden als auch im Kriege specielle Dienstleistungen durch Leute des Combattantenstandes verrichtet, die füglich durch Wehrpflichtige versehen werden könnten, welche wegen geringer Gebrechen zu Kriegsdiensten nicht geeignet sind. Für den Kriegsfall ist zwar in dieser Beziehung durch den § 18 des Wehrgesetzes vorgesorgt, aber warum soll dieser Paragraph eventuell nicht auch für Dienstleistungen im Frieden zur Geltung kommen. Enthält doch der in die neue Superarbitrirungs-Vorschrift aufgenommene, dem Wehrgesetze im Verordnungswege beigefügte Zusatz die Bestimmung, dass Soldaten und Recruten, sowie Einjährig-Freiwillige, welche in die Präsenz-Dienstperiode eintreten und bezüglich ihrer inzwischen erfolgten Untauglichkeit zu Kriegsdiensten dem Suparbitrio vorgestellt werden, wenn sie gute Handschriften haben, als Halbinvaliden zu Schreibgeschäften in Kanzleien und Anstalten verwendbar zu classificiren sind.

Wenn es für diese Kategorie von Wehrpflichtigen noch eine gewisse Tauglichkeit gibt, so könnte doch folgerichtig schon bei der Assentirung in dieser Beziehung auf die minder Kriegstauglichen reflectirt werden. Die bisherigen Bestimmungen sind aber nur auf die Heranziehung von Professionisten in grösserer Anzahl berechnet, als die einzige Classe von Wehrpflichtigen, über die das Wehrgesetz eine Ausnahmsbestimmung für den Friedensdienst enthält. Nach § 16 können nämlich die für das Heer nothwendigen Professionisten, Matrosen und Schiffshandwerker ohne Rücksicht auf ihre Körpergrösse angenommen werden. Das Reichs-Kriegs-Ministerial-Rescript, Zahl 8302, Abtheilung 2, vom Jahre 1871, erläutert die vorerwähnte

Gesetzbestimmung dahin, dass das Mass von 59 Zoll bei Professionisten nicht nothwendig ist, wenn sie sonst gerade Glieder haben, arbeiten können und in ihrer Eigenschaft als Professionisten assentirt werden.

Die auf den streitbaren Stand eines Truppenkörpers assentirten Professionisten dürfen aber wieder nicht unter dem Masse von 59 Zoll sein, und nur, wenn der Bedarf gross ist, können sie mit 58 Zoll assentirt werden, sobald sie Wachsthum versprechen und vollkommen kriegstauglich sind, um die eventuellen Strapazen eines Krieges ertragen zu können. Nun ist der Bedarf an Professionisten bei den Truppenkörpern ein sehr grosser und die nothwendigsten unter ihnen, nämlich Schuster und Schneider, fast immer mit Gebrechen behaftet und können demnach nicht in der erforderlichen Anzahl eingestellt werden. Es ist uns vor Allem nicht einleuchtend, warum Professionisten, sobald sie als solche assentirt werden, nicht geringere Gebrechen haben können, verrichten ja dieselben auch nur die Arbeit, der sie im bürgerlichen Verhältnisse nachgehen. Warum werden überhaupt aus den Professionisten bei den Truppenkörpern nicht sogenannte Arbeiter-Abtheilungen aufgestellt, wie sie bei anderen Armeen längst bestehen.

Die Klage, dass die Kanzleien, Spitäler, Magazine, sowie der Ordonnanzdienst eine Menge Leute zum Schaden des theoretischen und praktischen Unterrichtes vom Truppendienste absorbiren, ist eine eben so allgemeine, als die über den Mangel an schreibkundigen Individuen in jenen Regimentern, die sich nicht aus einer mehr intelligenteren Bevölkerung ergänzen.

Warum sollen Wehrpflichtige, die mit geringen Gebrechen behaftet, sich zum eigentlichen Truppendienste nicht eignen, in Kanzleien aber gut zu verwenden sind, nicht assentirt werden? Konnte man sich in früheren Zeiten an den Anblick eines höckerigen Fouriers gewöhnen, so dürfte heutzutage ein Mann ohne sichtbaren und geringen Gebrechen gar kein Aergerniss erregen. Solche Leute könnten bei den Ergänzungskörpern, in Spitälern und als ständige Ordonnanzen recht gut verwendet werden. Insolange die Volkserziehung, zu deren Hebung und Verbreitung in den letzten Jahren viel geschehen ist, in der Masse des Volkes nicht durchgegriffen hat, muss bei der gebotenen Schonung der höheren Intelligenz im Frieden und bei der grossen Zunahme der Schreibgeschäfte zu irgend einem Mittel gegriffen werden.

Die erste Bedingung für die Tauglichkeit zu Kriegsdiensten ist die körperliche Eignung. Der Jüngling ist aber im neunzehnten Lebensjahre, mit welchem er nach § 3 des Wehrgesetzes zum Eintritte in das Heer verpflichtet ist, nach den gemachten Erfahrungen, in den meisten Fällen noch nicht vollkommen physisch entwickelt. Die Anforderungen, die aber gegenwärtig an den Mann schon im Frieden gestellt werden, sind derart, dass viele junge Leute den Anstrengungen umsomehr erliegen, als die Nahrung eine unzulängliche ist. In Bezug des Eintrittsjahres wäre also nach unserem Dafürhalten ein Zurückgreifen auf den ersten Wehrgesetz-Entwurf wünschenswerth, nach welchem der Wehrpflichtige nach vollendetem zwanzigsten Lebensjahre, das heisst mit 1. Jänner jenes Kalenderjahres in das Heer eintreten sollte, in welchem er in das einundzwanzigste Jahr übergeht. Der Armee würden dadurch kräftigere Leute zugeführt werden, die Mortalitätsverhältnisse würden sich viel günstiger gestalten und in **volkswirthschaftlicher Beziehung ein Gewinn erwachsen**.

In Betreff der zeitlichen Befreiung vom Dienste, § 17, wäre festzusetzen, dass der einzige Sohn eines Bauern, der fünfzig Jahre alt ist, in diese Begünstigung einbezogen werden soll. Der Bauer ist in diesem Alter schon minder arbeitsfähig und benöthigt Jemanden, der ihm an die Hand geht. Zudem **repäsentirt der Bauernstand die Hauptsteuerkraft des Staates**.

Die Zeit zur Nachholung eines Versäumnisses, § 35, zweiter Theil der Instruction zur Durchführung des Wehrgesetzes, wäre nur von jenen Wehrpflichtigen zu fordern, die beim Inslebentreten des neuen Wehrgesetzes 1869 zur Stellung berufen wurden. Alle früher in Vormerkung verbliebenen Stellungspflichtigen wären aber zu löschen. Wie bekannt, wurde nach dem alten Wehrgesetze nur eine Altersclasse aufgerufen, und sobald das nöthige Contingent aufgebracht war, der Rest in die Heimat entlassen, um im nächsten Jahre wieder in den Stellungslisten aufgenommen zu werden. Diese erscheinen jetzt zu Tausenden als illegal abwesend. Die Evidenzhaltung und Currentirung dieser Leute verursacht viele unnütze Schreibereien, und wenn man sie auffindet, so sind sie oft in einem Alter, in welchem man sie nicht mehr assentiren kann. Ueberhaupt hätte man bezüglich dieser Leute bei der Durchführung des neuen Wehrgesetzes durch entsprechende Uebergangsbestimmungen vorsorgen sollen.

Der nach § 41 derselben Instruction zu leistende Schadenersatz scheint uns zu hoch gegriffen. Der Militärarzt hat wochenlang täglich 2—300 Mann zu visitiren und kann demnach ein geringes Gebrechen leicht übersehen. Dem Aerar erwächst selten ein Schaden, nachdem der Mann bei dem in seiner Heimat liegenden Ergänzungsbezirke ohnehin noch einmal ärztlich untersucht wird und nach Constatirung seiner Untauglichkeit beurlaubt werden kann, ohne Kosten verursacht zu haben.

Warum der § 56 des Wehrgesetzes, der von der Entrichtung einer dem Vermögen oder den Erwerbsverhältnissen entsprechenden Militär-Taxe — Wehrsteuer — durch solche Wehrpflichtige handelt, welche wegen Gebrechen zur Dienstleistung nicht eingereiht werden können u. s. w., bisher nicht durchgeführt wurde, ist geradezu unerklärlich. Was die Grösse der einzuhebenden Taxe betrifft, die verhältnissmässig klein sein würde, so übersandte das Reichs-Kriegsministerium schon im Jahre 1869 dem k. ungarischen Landesvertheidigungs-Ministerium eine Scala zur Einsicht und Meinungsäusserung, die auch mit geringen Abweichungen abgegeben wurde. Seither war wiederholt von der Einbringung einer Gesetzvorlage die Rede, aber sie blieb leider aus. Wäre dieser Paragraph gleich zur Anwendung gekommen, so stünde der obersten Heeresleitung bereits ein bedeutender Fond zur Verfügung, den man schon zur Versorgung der Invaliden oder zur Ertheilung von Dienstesprämien im ausgedehnteren Masse verwenden könnte.

Schlussbemerkung zur allgemeinen Wehrpflicht.

Die strenge Durchführung der allgemeinen Wehrpflicht bedingt vor Allem ein reges Pflichtgefühl seitens der wehrfähigen Bürger, ein gewissenhaftes Vorgehen der Assentirungs-Organe und eine nachhaltige Unterstützung der Militär- durch die politischen Behörden. Sonst wird die allgemeine Wehrpflicht geradezu illusorisch. Beide Behörden müssen miteinander Hand in Hand gehen, ihre Thätigkeit bezüglich der Evidenzhaltung und der genauen und schnellen Einberufungen aller Mannschaften muss sich gegenseitig ergänzen. Diese Thätigkeit ist die allerwichtigste, denn sie umfasst jene zwei Hauptmomente, welche die Grundlage der Wehrhaftigkeit des Staates bilden. Die Zeit liegt allerdings noch ferne, in der auch bei uns eine im Amtsblatte publicirte Mobilisirungs-Ordre genügen wird, um alle Wehrpflichtigen, selbst aus den entferntesten Gegenden zum sofortigen Einrücken zur Fahne zu bestimmen. Allein die Schwierigkeiten der Uebergangsperiode haben wir schon längst hinter uns.

Die Wehrpflichtigen haben den Geist des neuen Wehrgesetzes bereits aufgefasst, aus Erfahrung haben sie die Erleichterungen kennen gelernt, die es ihnen bei Abdienung ihrer Dienstzeit im Frieden gewährt, und rücken rechtzeitig und vollzählig zu den periodischen Waffenübungen, Controlsversammlungen und sonstigen Dienstleistungen bei ihren Truppenkörpern ein. Dies gilt sowohl von den Reservisten als Landwehrmännern. In zwei bis drei Tagen sind die Reserve-Regimenter und Landwehr-Abtheilungen in ihren Stationen fast complet.

Auch die Assentirung der Wehrpflichtigen wird jetzt mit mehr Strenge und Gewissenhaftigkeit durchgeführt als früher, wo als Erbtheil unserer jüngsten Vergangenheit so manche Uebelstände in nachtheiligster Weise einwirkten. Es ist dies ein Beweis, dass die politischen Behörden mit dem neuen Geschäftsgange in Heeresergänzungs-Angelegenheiten bereits vollkommen vertraut sind, im Allgemeinen correct vorgehen und überhaupt die hohe Wichtigkeit dieses Dienstzweiges in seiner ganzen Tragweite aufgefasst haben. Fälle von Missbräuchen kommen in jedem Lande vor, aber im Ganzen wiegen sie nicht viel auf. In Ungarn hat übrigens das k. ungarische Landesvertheidigungs-Ministerium eine verschärfte Controle durch eine sehr zweckmässige Massregel eingeführt, sie besteht in der jährlichen Aussendung von zwei ambulanten Commissionen, welche die als dienstuntauglich classificirten Leute noch einmal untersuchen.

IV.

Der einjährige Freiwilligendienst.

Alle Zweige des Staatsdienstes, die Rechtspflege, Künste, Wissenschaften, Handel und Industrie würden zum Nachtheile des Gemeinwohles eine arge Schädigung erfahren, wenn man bei Durchführung der allgemeinen Wehrpflicht die sich ihnen widmenden jungen, intelligenten Kräfte durch eine längere Präsenzzeit im Frieden in ihren Studien und somit in der Begründung ihres eigentlichen Lebensberufes stören würde. Die höher gebildeten und befähigten jungen Leute unter der wehrfähigen Bevölkerung müssen daher bei Erfüllung ihrer Wehrpflicht im Frieden Begünstigungen geniessen, und können dem Heere überhaupt, nach Erlangung einer militärischen Vorbildung nur im Ernstfalle zur Verfügung stehen. Um nun das Princip der allgemeinen Wehrpflicht, das keine Ausnahme zulässt, zur vollen Geltung zu bringen, gleichzeitig aber auch die Interessen des Gemeinwesens mit denen der Wehrkraft zu wahren, wurde mit dem § 21 des neuen Wehrgesetzes der einjährige Freiwilligendienst auch in der österreichisch-ungarischen Armee eingeführt.

Unseren Verhältnissen wurde dabei Rechnung getragen, und es ist auch der einjährige Freiwilligendienst in seiner Durchführung und Ausnützung nichts weniger als eine reine Copie des preussischen Systems. Die Berechtigung zum Eintritte als Einjährig-Freiwilliger hängt zwar von Bedingungen ab, die den in Preussen geltenden so ziemlich analog sind, aber in Bezug ihrer Bestimmung ist ein wesentlicher Unterschied. In Preussen wird der Einjährig-Freiwillige nach Abdienung seines Jahres beurlaubt und kann nach Ablauf des dritten Jahres die Prüfung zum Landwehr-Officiere ablegen. Das

Institut der Einjährig-Freiwilligen hat in Preussen oder vielmehr in Deutschland speciell den Zweck, tüchtige Ober- und Unterofficiere für die Landwehr heranzubilden.* Bei uns legt der Freiwillige nach Vollendung seines Dienstjahres die Officiersprüfung ab und soll nach § 21, alinea 4, des Wehrgesetzes zum Officiers-Aspiranten in der Reserve ernannt werden. Es werden jedoch diejenigen Freiwilligen, welche die Officiersprüfung mit Erfolg bestehen, sofort zu Officieren in der Reserve befördert. In die Landwehr wird aber kein Freiwilliger eingetheilt.

In Preussen werden Landwehr-Officiere, die aus dem Institute der Einjährig-Freiwilligen hervorgegangen sind, auf die Dauer eines Krieges oft auch bei Linientruppen zugetheilt, bei uns werden wieder im Frieden eine Menge Linien-Officiere in die Landwehr übersetzt. Es geschieht also gerade das Gegentheil, aber alle diese Abweichungen haben in unseren Verhältnissen ihren Erklärungsgrund. Im Allgemeinen müssen aber bezüglich der Einjährig-Freiwilligen manche Aenderungen eintreten. Erheischen auch Rücksichten gegen die gebildeten Stände überhaupt, dass man im Frieden die wirkliche Intelligenz schont und sich ihre Dienste gleichsam für den Krieg reservirt, so darf der einjährige Freiwilligendienst unter dem sehr dehnbaren Begriff „Intelligenz" für die Menge minder gebildeter Leute nicht zum Hinterpförtchen werden, durch welches sie der dreijährigen Präsenzzeit entschlüpfen. Abgesehen davon, dass die Bedingungen zur Erlangung der Berechtigung für den einjährigen Freiwilligendienst bisher sehr leicht erfüllbar waren, blieb es so ziemlich dem Ermessen des Freiwilligen während seines Dienstjahres überlassen, auf seine militärische Ausbildung Fleiss zu verwenden oder aber auf dem Niveau eines weniger gelehrigen Bauernburschen zu verharren und ein mittelmässiger Infanterist zu werden. Auf diese Art hat die Zahl der Freiwilligen eine enorme Höhe erreicht und es befinden sich unter ihnen Viele, welche selbst die Befähigung zu ihrem bürgerlichen Berufe nicht besitzen.

In Preussen ist dies nicht leicht möglich, so besagt § 4 der Instruction, welche von der wissenschaftlichen Qualification handelt: „Um eine Anhäufung von Schülern zu verhindern, welche lediglich

---

* Nach der daselbst noch in Kraft bestehenden Instruction zur Durchführung des Wehrgesetzes vom 21. März 1843, § 5, über die Behandlung der Freiwilligen.

um des zu der militärischen Berechtigung erforderlichen Attestes willen die Secunda besuchen und ohne Interesse am Unterrichte den Lehrern und Schülern zur Last fallen, ist bestimmt: 1. dass die Versetzung nach Secunda nicht nur mit Strenge und ohne alle Rücksicht auf den gewählten künftigen Beruf des Schülers vorzunehmen, sondern auch, dass in Zukunft die Abgangszeugnisse für die nach dem ersten halben Jahre aus Secunda Abgehenden jedesmal von der Lehrer-Conferenz festgestellt werden, und dass darin ausdrücklich bemerkt wird, ob der betreffende Schüler sich das Pensum der Secunda gut angeeignet und sich gut betragen habe."
„In zweifelhaften Fällen," heisst es weiter, „soll dem von den Lehrer-Conferenzen festzustellenden Abgangszeugniss eine besondere Prüfung vorausgehen, namentlich, wenn die Vermuthung vorliegt, dass es demselben lediglich um das Berechtigungs-Attest zu thun ist."

Eine andere Frage ist die der Präcisirung der Zahl der bei den Truppenkörpern aufzunehmenden Einjährig-Freiwilligen. Die preussische Ersatz-Instruction stellt fest, dass die Zahl der Einjährig-Freiwilligen auf 4 bei jeder Compagnie und Escadron zu restringiren sei, und dass bei den combinirten Reserve-Bataillonen und bei den Artillerie-Handwerks-Compagnien keine Einjährig-Freiwilligen aufgenommen werden dürfen. Die Zahl entspricht der Grösse der Armee und vorwiegenden Intelligenz im Volke.

Das Reichs-Kriegsministerium hat, um die durch die Ueberhäufung einzelner Truppenkörper mit Einjährig-Freiwilligen entstehenden Uebelstände zu beheben, mit Rescript, Zahl 5980, vom 26. August 1875 angeordnet, dass in grösseren Garnisonsorten eine gleichmässige Vertheilung derselben in den Truppenkörpern gleicher Waffe behufs ihrer militärischen Ausbildung erfolge. Diese Einjährig-Freiwilligen sind aber jenen Truppenkörpern nur zugetheilt und bleiben im Stande ihrer selbstgewählten Regimenter und Corps. Diese Massregel, so zweckmässig sie auch in Bezug der Ausbildung der jungen Leute ist, steht in keinem Zusammenhange mit der nothwendigen Begrenzung der in den Truppenkörpern und somit im Heere aufzunehmenden Einjährig-Freiwilligen.

Dieser Gegenstand wurde in der Anfangs Mai 1868 in Ofen stattgehabten Conferenz vom ungarischen Referenten angeregt, der Reichs-Kriegsminister bemerkte jedoch, dies könnte später geschehen, vorderhand müsse aber die Intelligenz dem Heere im Grossen zuströmen. Er verband mit dieser Bemerkung gewiss die beste Absicht, aber die Erfahrung hat gezeigt, dass eine Begrenzung der Zahl der Einjährig-Freiwilligen bei uns dringend geboten ist.

Die oberste Heeresleitung war in den letzten Jahren bemüht, den Uebelständen, die bei dem Institute der Einjährig-Freiwilligen zu Tage getreten sind, durch sehr zweckmässige Massregeln im Verordnungswege zu steuern und zweifelsohne wird sie bei der Revision des Wehrgesetzes Anträge einbringen, die bei Wahrung der staatlichen und individuellen Rücksichten auf eine gründliche Aenderung des wichtigen Institutes abzielen werden.

Der sehr verbreiteten Ansicht, dass man den bisherigen Uebelständen nur dadurch abhelfen könnte, dass man dem Einjährig-Freiwilligen, der die Prüfung zum Reserve-Officiere nicht mit Erfolg ablegt, zur Abdienung der dreijährigen Präsenzzeit verhalten sollte, können wir nicht beipflichten. Eine solche Massregel liesse sich vor Allem nicht vom Standpunkte der Billigkeit rechtfertigen. Uns dünkt, dass die Garantie gegen jeden Missbrauch von der Begünstigung des einjährigen Freiwilligendienstes zunächst in den Bedingungen zu ihrer Erwerbung liegen soll.

Man schränke die grosse Zahl der bezüglich der Berechtigung zum einjährigen Freiwilligendienste mit den Hochschulen gleichgestellten Lehranstalten ein, man mache von den Aufnahmsprüfungen einen ausgedehnteren Gebrauch, fordere am Schlusse des Präsenzjahres von jedem Freiwilligen die Ablegung der Prüfung zum Reserve-Officiere und verpflichte dann jenen Freiwilligen zur Abdienung der dreijährigen Präsenzzeit, der in Folge constatirter Nachlässigkeit und Mangels an Ambition jene Prüfung mit durchwegs schlechten Fortgangsclassen bestanden hat. Dadurch würde man den Eifer der jungen Leute anregen und es würde nicht der Fall vorkommen, dass sie den einjährigen Freiwilligendienst als ein Privilegium betrachten, bei dem die Ausbildung für ihren wichtigsten Beruf etwas Nebensächliches sei.

Ist der Freiwillige eingereiht, dann muss ihm sein Standpunkt vollends klar gemacht werden, damit er den Ernst seiner Pflichten vollkommen erkenne. An der Ausübung seines Dienstes und an der Theilnahme an dem theoretischen und praktischen Unterrichte ist er mit Strenge zu verhalten, ohne jedoch in seinen eigentlichen Berufsstudien gestört zu werden. In Preussen wird während der Zeit der primitiven Ausbildung auf die ausserdienstlichen Verhältnisse des Freiwilligen gar keine Rücksicht genommen und auch später ist ihm nur der grössere Theil der Nachmittagsstunden für seine anderweitige Beschäftigung eingeräumt. In unserer Armee ist dem Freiwilligen zu seinen Selbststudien viel mehr Zeit überlassen, wenngleich das Reichs-Kriegsministerium im vorigen Jahre manche Einschränkung eintreten liess, worunter namentlich die Aufhebung vieler Ferientage gehört. Auch in der Behandlung der Freiwilligen in dienstlicher Beziehung sind strengere Massregeln ergriffen worden. So soll der Einjährig-Freiwillige des streitbaren Standes, der nach Ablauf der ersten Hälfte des Präsenzjahres in seiner militärischen Ausbildung so wenig vorgeschritten ist, dass er selbst die Eignung zum Corporalen nicht erworben hat, nicht nur allein vom Besuche der theoretischen Vorträge ausgeschlossen und zum praktischen Dienste in allen seinen Zweigen, sondern auch zu allen dem Soldaten der mindesten Soldclasse zukommenden streng militärischen Dienstleistungen verhalten werden.

- Das Anfangs befolgte System, die Mehrzahl der Freiwilligen ohne Rücksicht auf ihre sociale Stellung sofort zu Reserve-Officieren zu ernennen, hatte in der Armee eine ungünstige Aufnahme gefunden und über den Werth und die Bestimmung des Institutes der Einjährig-Freiwilligen eine völlige Begriffsverwirrung erzeugt. Ja, noch heute können sich Officiere des stehenden Heeres noch nicht mit der Idee befreunden, im Reserve-Officier ihres Gleichen zu erblicken. Man sieht, dass das Vorurtheil dabei arg mitspielt. Denn ein junger Mann aus guter Familie, der weder Fleiss noch materielle Opfer gescheut hat, um eine höhere wissenschaftliche Bildung zu erlangen, und der eine respectable Laufbahn im bürgerlichen Leben verfolgt, steht in socialer Beziehung jedenfalls auf dem Niveau eines Officiers. Uebrigens gibt es unter den bisher zu Reserve-Officieren beförderten Freiwilligen viele junge Gentlemen von vielseitiger Bildung und chevalereskem Wesen, die unserem Stande gewiss zu jeder Zeit Ehre machen werden.

Wenn früher mitunter auch einige Missgriffe unterliefen, wie sie bei jeder neuen Einrichtung vorzukommen pflegen, so wäre die

Annahme eine sehr irrige, dass der Wehrkraft bisher nicht eine grosse Anzahl brauchbarer Reserve-Officiere für den Kriegsfall zugeführt worden sei. Vor Allem kömmt es bei der Beurtheilung von Reserve-Officieren darauf an, welchen Massstab man anlegt. Wer die militärische Brauchbarkeit eines Reserve-Officieres nach der eines Troupiers abschätzt, hat überhaupt für das Institut der Freiwilligen kein Verständniss. Bei dem Einjährig-Freiwilligen handelt es sich zunächst, ihm eine militärische Erziehung zu ertheilen, damit er mit dem Wesen unseres Standes vertraut gemacht werde. Was in den Bereich seiner militärischen Ausbildung fällt, so wird mit Recht vorausgesetzt, dass ein gebildeter junger Mann vermöge seiner leichteren Auffassungsgabe in einem Jahre gründlich erlernen könne, wozu die Masse der Wehrpflichtigen drei Jahre benöthigt.

Die Betheiligung an drei Waffenübungen während seines Reserveverhältnisses nöthigen ihn auch zu militärischen Nachstudien, die ein gebildeter Mann selten versäumt. So besitzt denn ein Reserve-Officier, wenn auch nicht die Erfahrungen und Dienstesroutine eines Troupiers, doch so viel militärisches Wissen, um bei seiner Einberufung im Ernstfalle seinen Platz mit einiger Sicherheit ausfüllen zu können. Ist er dann einige Zeit bei der Truppe unter einer guten Leitung, so wird sein Auftreten in den verschiedenen Diensteslagen bald an Festigkeit gewinnen. Die absprechenden Urtheile, denen man über die Freiwilligen oft begegnet, sind ganz unbegründet und resultiren aus der Neuheit der Einrichtung, deren Bedeutung noch nicht gehörig aufgefasst worden ist. Sonst könnte es überhaupt nicht geschehen, dass man mitunter auch ihre Lebensfähigkeit in Frage stellt.

Sehr treffend und ganz im Geiste unserer Zeit entwickelte der Reichs-Kriegsminister Freiherr von Koller in seinem Rescripte, Zahl 6125, vom 28. August 1875 die Wichtigkeit des Institutes der Einjährig-Freiwilligen, er sagte: „Der Zweck dieser Institution ist in erster Linie, Reserve-Officiere heranzubilden, dieselbe muss daher ihrer vollen hohen Bedeutung nach mit dem Erkenntnisse ihrer absoluten Nothwendigkeit vom Gesichtspunkte des grossen staatlichen Ganzen aufgefasst und gewürdigt werden. Sie bildet einen jener Factoren, denen die allgemeine Wehrpflicht nicht entrathen kann.

denn nur diese Institution allein kann dem so bedeutend vermehrten Heere wie auch den Landwehren die auf den Kriegsbedarf abgängige Zahl an Subaltern-Officieren, Beamten und Aerzten ohne Ueberlastung der Staatsfinanzen im Frieden zugeführt werden" u. s. w. — Und fügen wir hinzu: Von weiteren höheren Gesichtspunkten aufgefasst, hat aber diese Institution auch den Zweck, das höhere geistige Bindungsmittel zwischen der Wehrkraft und dem Volke im Frieden zu bilden, im Kriege aber durch ein Zuströmen der wahren Intelligenz im Heere das moralische und geistige Element zu potenziren.

V.

Die Dienstzeit.

Die Dienstzeit bildet die Grundlage der Leistungsfähigkeit einer Armee, von ihrer richtigen Bemessung hängt ihr innerer Werth und der Grad ihrer Schlagfertigkeit ab. Allein die Feststellung der Dienstzeit, namentlich der Präsenzdauer, ist bei der Verallgemeinerung der Wehrpflicht mit manchen Schwierigkeiten verbunden. Es durchkreuzen sich Interessen, die eine besondere Rücksichtsnahme beanspruchen und keine Schädigung erfahren sollen. Die Volkswirthschaft und Staatsfinanzen erheischen Schonung, die stete Kampfbereitschaft des Heeres bedingt die militärische Ausbildung aller Wehrpflichtigen. Aber die Dienstzeit bei der Fahne kann selbstverständlich nicht von längerer Dauer sein, — doch selbst die kürzeste war den Vätern aller Länder stets eine zu lange. Um diese hochwichtige Frage wurden in allen Parlamenten heftige und nachhaltige Kämpfe geführt. So dauerte der Streit um die zweijährige und den Uebergang zur dreijährigen Präsenzzeit in Preussen bekanntlich die längste Zeit.

Auch in den Volksvertretungen Oesterreich-Ungarns fehlte es nicht an wohlklingenden, phrasenreichen Reden, die natürlich auch effectvoll wirkten, weil sie das höchst populäre Thema der kurzen Dienstzeit zum Vorwurf hatten. Idealisten schwärmten für eine nach Wochen oder Monaten zählende Dienstzeit in einem Milizheere, wo es nicht so sehr auf den militärischen Geist und die Geschicklichkeit im Waffengebrauche, als auf den Patriotismus und die Begeisterung ankömmt, um selbstverständlich nur immer Erstaunliches zu leisten, — vorausgesetzt, dass unter den vielen unvorhergesehenen Zwischenfällen im Kriege nicht einer von sehr calmirender Wirkung den ganzen kriegerischen Gefühlsapparat vollends erschüttert.

An die Idealisten reihten sich die Staatsökonomen und Financiers, mit denen unsere neue Aera leider so gesegnet ist, dann Landwirthe und Industrielle, welche die Frage vom volkswirthschaftlichen Standpunkte aus in einer Weise besprachen, die bei der materiellen Richtung unserer Zeit sehr lebhaft an Chateaubriand's marcanten Ausspruch erinnerte: „Ein Volk," sagte er, „das nur den Cours der Renten im Auge hat, die Ellen Tuch berechnet, die es verkauft, das also, wie unsere Staatsökonomen, Militärfragen allein im Zusammenhange mit den Finanzen, vom Gesichtspunkte der Volkswirthschaft betrachtet, dass der Soldat nur der Arbeit entzogen werde, wird in den Zeiten der Prüfung weder die Energie des Widerstandes, noch die Tugend der Aufopferung besitzen. Zu lange Ruhe erzeugt Feigheit; unter dem Gerassel der Webestühle erschreckt das Geräusch der Waffen die Leute. Ueberstandene Gefahren flössen edle Gesinnungen ein; viele Tugenden sind im Gefolge der Waffen. Es ist nicht gut, sich einzuschläfern, sich Gewohnheiten hinzugeben und dem feigen Spiessbürgerthum zu verfallen" u. s. w. (Dans l'exercice des Professions, des casaniers et s'appoltroner dans ces habitudes.)

Doch der Redseligkeit war damals durch die nothwendige Beschleunigung der Verhandlungen eine enge Grenze gesetzt, zudem konnten die Majorität und alle denkenden Militärs die Thatsache nicht ignoriren, dass Preussen mit seiner durchgreifenden Intelligenz im Volke nach einer langjährigen Anwendung der zweijährigen zur dreijährigen Präsenzzeit übergegangen war. In unserem ersten Wehrgesetz-Entwurfe war mit Rücksicht auf unsere minder günstigen Bildungsverhältnisse eine viel längere Dienstzeit beantragt, und der Umstand, dass die Streichlust unserer Gesetzgeber weiter ging, als man voraussetzte, dürfte sich bei den etwa nothwendigen Aenderungen sehr fühlbar machen.

Nach § 4 des Wehrgesetzes erstreckt sich die Dienstpflicht auf drei Jahre in der Linie, sieben in der Reserve, und in der Landwehr auf zwei Jahre bei den übertretenden Reservisten und auf zwölf Jahre bei den directe in die Landwehr eingereihten Recruten.

Diese Vertheilung der Dienstzeit wurde, als mit dem Principe der Gerechtigkeit und Gleichheit im Widerspruche stehend, angegriffen und die Frage wiederholt aufgeworfen, warum sich unsere Landwehren nicht nach dem preussischen System, d. h. ausschliesslich aus dem zweiten Gliede der Wehrkraft, nämlich aus der Reserve ergänze. Abgesehen davon, dass wir keine Preussen, nämlich keine Nation aus einem Gusse sind und mit eigenthümlichen Verhältnissen zu rechnen haben, steht diese Abweichung vom preussischen System mit dem Uebergange zur gegenwärtigen Wehrverfassung im Zusammenhange.

Eine Ergänzung der Landwehr nach preussischem System hätte zu ihrer ersten Formation die Abtretung einiger Altersclassen vom stehenden Heere nothwendig gemacht. Diese konnte es aber umsoweniger entbehren, als zu dessen Completirung, in Folge der Verluste der beiden Feldzüge von 1866, die bereits erwähnte ausserordentliche Aushebung von 38.000 Mann erfolgen musste. Selbst an die Abtretung von Soldaten älterer Jahrgänge an die Landwehr, um derselben als Stämme zu dienen, konnte nicht gedacht werden. Ebensowenig konnte aber die Organisation der Landwehr einen längeren Aufschub erleiden. Diese hätte, um die im Wehrgesetze präliminirte Stärke von je 100.000 Mann zu erreichen, nach einer Berechnung der Ministerconferenz nicht weniger als 12 Jahre gebraucht, sobald sie sich aus der Reserve ergänzt hätte. Nach unserer Berechnung, die sich nicht so sehr auf Ziffern als auf andere Factoren stützt, hätte aber die Landwehr bei einer nur zweijährigen Dienstpflicht gar nicht organisirt werden können. Man denke sich nur eine Truppe, die ohne einer Beigabe von festen Cadres mit einem alle zwei Jahre wechselnden Materiale ins Leben treten soll! Wo läge die Grundbedingung der Existenz eines militärischen Körpers, der feste Verband seiner Glieder? — nicht einmal die leiseste Fühlung wäre vorhanden gewesen.

Doch jenes Calcul passte nicht zur damaligen Unsicherheit der europäischen Situation, die schon dem Feldzeugmeister Freiherrn von John zur besonderen Betonung der je eheren äussersten Kraftentwickelung in seinem a. u. Vortrage an Se. Majestät veranlasste. Es war in der im Monate Mai 1868 abgehaltenen Ministerconferenz, wo dieser Gegenstand zur Sprache kam und den ehemaligen Reichs-Finanzminister, weiland Freiherrn von Beke, zur Bemerkung aufforderte: „Zwölf Jahre kann weder Ungarn, noch können wir warten". Aber der Minister beschränkte sich nicht auf diese Bemerkung, sondern er knüpfte an sie die Frage, was mit der Masse von Recruten, welche die Stellung von fünf Altersclassen* ergäbe, geschehen werde; — ob denn die nothwendigen Cadres zu ihrer Aufnahme im stehenden Heere vorhanden wären. Und die darüber geführte Discussion brach der Ueberzeugung Bahn, dass, wenn man an die Aufstellung einer lebensfähigen Landwehr denke, der nach Deckung des Contingentes für die Armee verbleibende Ueberschuss an Recruten hierzu verwendet werden müsse. Uebrigens kann man sich in Bezug der Einstellung der Recruten in die Landwehr gleichfalls auf Preussen berufen, jedoch geschah dies dort bei der ersten Formation mit dem jedenfalls sehr vortheilhaften Unterschiede, dass man Stämme gedienter Soldaten an die Landwehr abtrat.

Nun hätten wir nachgewiesen, warum die Ergänzungsart unserer Landwehr eine von der deutschen abweichende ist. Fassen wir nunmehr die schon so oft urgirte nachträgliche ausschliessliche Ergänzung der Landwehr durch das Heer ins Auge. Eine solche involvirt nichtsweniger als entweder eine Erhöhung der Dienstpflicht, oder wesentliche Aenderungen in unserer Heeresorganisation. Im ersten Falle bliebe die Reserve unberührt und es müsste die Dienstpflicht um drei Jahre in der Landwehr verlängert werden, im zweiten müssten wir bei Aufrechthaltung der jetzigen allgemeinen Dienstpflicht, die der im deutschen Heere gleich ist und einer analogen Vertheilung derselben, die Reservepflicht um drei Jahre verkürzen und jene Modificationen in der Organisation eintreten lassen, die sie mit der deutschen in Einklang brächte. Im deutschen Heere vertheilt sich die Dienstpflicht bekanntlich in eine dreijährige Präsenzzeit, eine vierjährige Reserve- und fünfjährige Landwehrpflicht. Die Landwehr nimmt also die kräftigsten und ausgebildetsten Leute vom Heere auf und behält sie durch längere Zeit in ihrem Verbande.

Unsere Reservisten, die einer dreijährigen activen Dienstzeit in der Linie und einer siebenjährigen Reservepflicht Genüge geleistet haben, sind als ein Material zu betrachten, in welchem

---

* Zu den drei Altersclassen der ausserordentlichen Stellung kamen nämlich noch die zwei Jahrgänge von 1848, 1849 der gewöhnlichen Recrutirung.

bereits eine gewisse Abspannung eingetreten ist, die es mit sich bringt, dass eine Abneigung zum Antritte einer neuen Dienstpflicht vorherrschend ist. Diese Wahrnehmung trat bei den Einberufungen umsomehr hervor, als es Leute sind, denen durch das neue Wehrgesetz zwei Dienstjahre aufoctroyirt wurden. Wenn man dennoch an eine Aenderung der Ergänzung unserer Landwehr denken sollte, so könnte dieselbe nicht darin bestehen, dass man ihr das frische Element, die Recruten, gänzlich entzöge und ihr ausschliesslich jene Reservisten überwiese. Jede anderweitige Aenderung würde aber, wie oben bemerkt, die Interessen der Wehrpflichtigen und unsere Organisation wesentlich berühren.

Auf die Präsenzdauer übergehend, glauben wir für die Beibehaltung des **dreijährigen** Liniendienstes um so mehr entschieden eintreten zu müssen, als die günstigen Resultate, welche mit der Ausbildung der Landwehr in kürzester Zeit erzielt worden sind, sogar das Urtheil militärischer Kreise zu trüben beginnt.[*] Wir müssen vor Allem bemerken, dass wir bei Bemessung der Präsenzzeit im Linienheere von ganz anderen Gesichtspunkten ausgehen, als bei jener der Landwehr, mit der wir übrigens auch nicht einverstanden sind.

Den Massstab bei Feststellung der activen Dienstzeit geben zunächst der Bildungsgrad und die natürlichen Anlagen des Volkes oder der Völker, aus welchen ein Heer hervorgeht, und die den theoretischen und praktischen Unterricht des Soldaten umfassende Anzahl von Gegenständen und Uebungen mit Berücksichtigung der Waffengattung, für die der Mann ausgebildet werden soll. In kurzer Zeit kann man nun den Wehrpflichtigen allerdings Nachstehendes beibringen: die militärische Haltung, Gewehrgriffe, eine oberflächliche Kenntniss des Gewehres, eine gewisse Präcision beim geschlossenen Exerciren, einiges Verständniss für sein Verhältniss als Tirailleur und die dabei nothwendige Ausnützung des Terrains, einige Fertigkeit im Distanzschätzen, im Scheibenschiessen, im feldmässigen

---

[*] In **Deutschland** erstreckt sich die Präsenzzeit auf 3 Jahre.
" **Russland** " " " " 6 "
" **Frankreich** " " " " 5 "
" **Italien** " " " " 3 "
" **Grossbritannien** " " " " 6 "
" **Spanien** " " " " 4 "
" der **Türkei** " " " " 4 "

Schiessen, Bajonnetfechten, Turnen und Schwimmen, eine allgemeine Kenntniss seiner Berufspflichten und Obliegenheiten, die Gewöhnung an Ruhe, Ordnung und Reinlichkeit, schliesslich eine disciplinäre Grundlage. Das sind Gegenstände, Uebungen und Eigenschaften, die eine Masse von Details enthalten, auf deren Aufzählung wir verzichten.

Sind nun oft die Productionen nach einer solchen primitiven Ausbildung für das Auge auch bestechlich, so wird der denkende Militär die dabei hervortretenden günstigen Erscheinungen — bei voller Anerkennung des grossen Fleisses der Ober- und Unterofficiere und des guten Willens der Mannschaft — denn doch nur auf einen äusserlich angelernten Mechanismus zurückführen. Wer sich im Truppendienste einige Erfahrungen gesammelt hat, weiss, dass der junge Soldat sich im ersten Jahre in Allem, was seine militärische Brauchbarkeit erfordert, kaum zu orientiren vermag, erst im zweiten Jahre läutern sich seine Begriffe und erweitert sich seine Auffassung in dem Masse, dass er zur Kenntniss aller Gegenstände gelangt, und im dritten Jahre gewinnt er Sicherheit und Festigkeit in den vielen Zweigen seines ernsten Berufes und Selbstständigkeit im Auftreten. Der Mann hat dann eine gründliche Basis erlangt, mit der er nunmehr in das Reserveverhältniss tritt, und dabei kömmt es bei unserem gegenwärtigen System hauptsächlich an. Nicht zu übersehen sind die vom theoretischen und praktischen Unterrichte entfallenden Sonn- und Feiertage, Wacht- und anderweitige Dienst-Tage, und ebensoviel Arbeitertage.

Man darf überhaupt nicht vergessen, dass, um aus den Recruten einen Soldaten zu bilden, zwei Dinge erforderlich sind, nämlich die Ausbildung und die militärische Erziehung. Ein politischer Stabsofficier besprach unlängst die Revisionsfrage und erklärte sans phrase, dass man heutzutage von einer militärischen Erziehung nicht mehr sprechen dürfe, es wäre denn, dass man sich in die vormärzlichen Zeiten versetzte, wo man mit alten Berufssoldaten zu thun hatte. Wir kehren den Satz um und sagen, weil wir keine alten Soldaten haben können, so müssen wir eben alle jene Eigenschaften mit besonderem Eifer und Anwendung aller Mittel dem Manne anerziehen, die in ihrer Vollendung den militärischen Geist begründen. Für diesen glaubt der politische Stabsofficier stets ein Aequivalent in der Begeisterung zu finden, auf die auch wir einen grossen Werth legen, die man sich aber leider nicht verschreiben kann, und über die Goethe treffend bemerkt:

„Begeisterung ist keine Häringswaare,
Die man einpökelt auf viele Jahre."

Auf einen stark entwickelten militärischen Geist haben die grössten Feldherren von jeher ein viel grösseres Gewicht gelegt, als auf die Ausbildung und Tapferkeit. Als 1848 im Corps legislatif die Dienstzeit zur Sprache kam, sagte Thiers in seiner glänzenden Rede vom 21. October: „Il y a quelque chose qu'on ne donne pas en six mois, et qui est toute autre chose que l'instruction et la bravoure, c'est le veritable ésprit militaire, qui tout seul, donne aux armées la preponderance et que Bonaparte mettai au-dessu de tout."* Aber heutzutage kann man auch von dem Grade der Ausbildung nicht absehen.

Der unermüdliche Erfindungsgeist auf allen Gebieten des Kriegswesens, namentlich die rapiden Fortschritte in der Technik und der dadurch bewirkte Umschwung in allen Zweigen der kriegerischen Thätigkeit haben **das Feld der Theorie bedeutend erweitert, jenem der praktischen Schulung des Soldaten eine bisher ungekannte Ausdehnung verliehen.** Die schnelle und grosse Zerstörungskraft der heutigen Kampfmittel erheischen aber eine besondere Anregung und Steigerung des moralischen Elementes. Nun hat aber der Materialismus unserer Zeit ganze Schichten der Gesellschaft erfasst, die moralischen Triebfedern sind allenthalben erschlafft und unsere Jugend besitzt nicht die einstige Frische und Spannkraft; — sie hat einen Hang für ein ungebundenes und gemächliches Leben. Diese Erscheinung theilen wir so ziemlich mit der ganzen Welt. Und da wäre eine sorgfältige, militärische Erziehung überflüssig? Wir dächten, es wären vielmehr die Ansichten zu beherzigen und zu verbreiten, die Marschall Randon als Kriegsminister in einem Erlasse von 1861 darüber entwickelte: „à propager," sagte er, „chez nous cet ésprit militaire qui

---

* „Es gibt etwas, das sich nicht in sechs Monaten lernt, das ganz etwas Anderes ist, als die Ausbildung und Tapferkeit — dies ist der wirklich militärische Geist, der für sich allein schon einer Armee das Uebergewicht verleiht, den Bonaparte als das Höchste anschlug."

dans toutes les classes improvise des soldats dès que l'honneur de la France le reclame."*

In Preussen endlich, wo der militärische Geist durch Friedrich I. grossgezogen, stets wach erhalten wurde, verlängerte man in dessen Interesse die Präsenzzeit. Auch der **Patriotismus** und das **Nationalgefühl** müssen heutzutage mehr denn je genährt und gepflegt werden, denn sie erzeugen jene mächtige Triebkraft, welche Völker zur wahren Begeisterung hinreissen. Von diesen Gefühlen beseelt, haben junge Soldaten schon oft eine staunenswerthe Leistungsfähigkeit an den Tag gelegt, auf sich beschränkt jedoch einen Feldzug nur in seltenen Fällen glücklich zu Ende geführt. Der junge Soldat bedarf vor Allem der **erfolgreichen Initiative**, nur der vollkommen geschulte und vom militärischen Geist erfüllte Soldat vermag Niederlagen zu ertragen, ohne erschüttert zu werden. Darum wurden auch junge Truppen zumeist im Verbande mit alten verwendet, wo sie dann gut fochten, in Vertheidigungs-Kriegen aber oft Erstaunliches leisteten und immer mehr an innerer Festigkeit und Brauchbarkeit gewannen.

Ein grosser Fehler ist es, die Erscheinungen ausserordentlicher Zeiten bei Durchführung einer Organisation unter normalen Verhältnissen zur Richtschnur nehmen zu wollen, aus der für **alle militärischen Lagen gleich brauchbare und verlässliche Soldaten hervorgehen sollen**. So haben leider auch bei uns in manchen Militärfragen Zeitvorstellungen den Ausschlag gegeben, die mit der Gegenwart nichts anderes gemein haben als das **lebendige Bewusstsein der einstens entwickelten gewaltigen Widerstandskraft**. Unter den Einfluss jener Zeitvorstellungen wurde auch die Dauer der für die directe in die Landwehr eintretenden Wehrpflichtigen nothwendige Präsenzzeit zu ihrer Ausbildung auf acht Wochen festgesetzt. Was sich in einem so kurzen Zeitraume erreichen lässt, haben wir schon früher angedeutet. Es würde die primitive Ausbildung, die der Landwehrmann damit erlangt, im Nothfalle genügen, um ihn unter ältere Leute einzustellen, aber als eine Basis für seinen Uebertritt in den Urlauberstand ist dieselbe entschieden ungenügend. Allerdings wird der Landwehrmann bald zur activen Dienstleistung einberufen,

---

* „Den militärischen Geist zu verbreiten, der in allen Classen der Bewohner Soldaten improvisirt, so wie es die Ehre Frankreichs erheischt."

die sich beim Infanteristen in der Regel auf einige Monate, beim Cavalleristen auf ein Jahr erstreckt, wodurch er in den militärischen Disciplinen fester wird, aber die Beschäftigung des Infanteristen entspricht nicht seiner weiteren Ausbildung. Dieser Nachtheil entspringt aus der eigenthümlichen Cadresformation.

Die Art der ersten Ausbildung des Landwehrmannes ist aber für seine Fortentwickelung massgebend, und wir sind demnach der Ansicht, dass es im Interesse derselben läge, die Präsenzzeit bei der Landwehr-Infanterie auf mindestens drei Monate festzustellen.

Die Wehrkraft hat aber endlich noch über die ansehnliche Zahl von 80.000 Mann zu verfügen, die unter der Benennung Ersatzreserve erst bei einem ausbrechenden Kriege ausgebildet werden sollen, wenn uns aber ein langer Friede beschieden ist, ihre zwölf Jahre im bürgerlichen Verhältnisse ruhig verleben, ohne, gleich ihren Mitbürgern, ihrer Militär-Dienstpflicht nachgekommen zu sein. Ein solches Verhältniss lässt sich weder mit dem Principe der allgemeinen Wehrpflicht, noch mit der Schlagfertigkeit des Heeres vereinbaren, und es wäre unbedingt nothwendig, die Ersatzreserve gänzlich aufzulassen und jene Wehrpflichtigen gleich allen anderen sofort zum Heeresdienste heranzuziehen. Mit dem Fortbestande der Ersatzreserve ist namentlich die Landwehr mit der Zeit auf den Aussterbe-Etat gesetzt. Im Ernstfalle wird ohnedem eine Altersclasse zur Stellung einberufen, die zum Ersatz der im Heere entstehenden Lücken verwendet werden kann.

Nun wollen wir noch die finanzielle Seite der Frage in Kürze beleuchten. Die Ansicht ist eine ziemlich verbreitete, dass mit der zweijährigen Präsenzzeit ein bedeutender Ausfall im Heeresbudget zu erzielen sei.

Unser Calcul ist einfach folgendes: Vor Allem kömmt die Stärke des Linienheeres in Betracht, die der Machtstellung des Staates entsprechen muss. Dann ist der schwerwiegende Umstand in Erwägung zu ziehen, dass die Widerstandsfähigkeit des Staates bei einem ausbrechenden Kriege nicht nach der Kopfzahl der Wehrpflichtigen, sondern nach der Zahl der ausgebildeten Combattanten zu ermessen ist. Daraus ergibt sich die Nothwendigkeit, alle Wehrpflichtigen für den Ernstfall verwendbar zu machen. Die dreijährige

Dienstzeit bedingt die Aufstellung von mehr Cadres, sie ermöglicht aber auch allein die Heranbildung und Erhaltung derselben. Die zweijährige Dienstzeit lässt eine Verminderung der Cadres zu, erschwert aber ihre Heranbildung und erfordert eine bedeutende Erhöhung des Präsenzstandes im Frieden mit dem grossen Nachtheile, im Mobilisirungsfalle zu vermehrten Formationen schreiten zu müssen. Das finanzielle Plus, das die grössere Anzahl Cadres bei der dreijährigen Dienstzeit ergibt, ist gegenüber den vielen Nachtheilen, die mit der zweijährigen Dienstzeit verbunden sind, kaum nennenswerth. Die längere Dienstzeit bleibt aber, wie zu allen Zeiten, so auch jetzt die Grundlage für alle militärischen Verhältnisse.

VI.
Die Cadres.

Den grössten Einfluss auf die Ausbildung und den Geist einer Armee und somit auf ihre Leistungsfähigkeit üben die Cadres aus. Napoleon I., der 1814 und 1815 in Frankreich in der Heeresorganisation den Gipfelpunkt der Leistungen eines Organisators ersten Ranges erreichte, nannte die Cadres die **Nerven einer Armee**.* „Les cadres, comme chacun sait, sont le nerf de l'armée." Und wenn der grosse Schlachtenkaiser diese Bezeichnung für die hohe Wichtigkeit jener Cadres gebrauchte, welche seine tüchtigen **Berufsheere** in seinem Geiste heranbildeten, deren Träger sie auch waren, so ist heutzutage ein **wohlorganisirtes Cadresystem** für das aus der allgemeinen Wehrpflicht hervorgehende Heer der Neuzeit geradezu eine **Existenzbedingung**. Denn nur mit einem solchen ist die Durchführung und Aufrechthaltung einer taktischen Organisation im Frieden denkbar, die den Uebergang zur Kriegsformation auf die leichteste Weise und in der kürzesten Zeit ermöglicht.

Dazu berufen, im Frieden die Masse des beständig wechselnden Materiales auszubilden, im Ernstfalle aber alle Wehrpflichtigen aufzunehmen, muss der **Wahl**, der **Erhaltung** und der **zweckmässigen Ergänzung** der Cadres eine besondere Sorgfalt zugewendet werden. Die Stärke der Cadres muss mit der Kriegsstärke der Armee im richtigen Verhältnisse stehen. Endlich müssen die Cadres bei einem Heere, dessen Combattanten im Frieden zum grössten Theile beurlaubt sind, **stabil sein**, weil sonst der so

---

* Schon die Alten legten auf die Cadres einen ausserordentlichen Werth. In den persischen, griechischen und römischen Heeren rechnete man auf je 4—5 Mann einen Unterofficier.

nothwendige Verband zwischen beiden Theilen, der sich ohnehin nur durch ein periodisches Beisammensein flüchtig herstellen lässt, beim Ausbruche eines Krieges gar nicht vorhanden ist. Eine Armee von jungen Soldaten, deren ebenfalls junge Cadres einem fortwährenden Wechsel unterworfen sind, entbehrt die erste Bedingung der inneren Festigkeit.

Mit unzuverlässigen Cadres ist aber vor dem Feinde im Allgemeinen nichts auszurichten, selbst wenn die Truppen vom besten Willen beseelt sind. Dagegen sind mit Truppen von minderem Werthe, aber mit tüchtigen Cadres schon oft Erfolge erzielt worden. Diese in genügender Anzahl zu erlangen, muss die oberste Heeresleitung mit Anwendung aller ihr zu Gebote stehenden Mittel anstreben.

Ein wissenschaftlich gebildetes Officiercorps, das allein im Stande ist, den grossen Ansprüchen unserer Zeit zu genügen und sich die Achtung seiner Untergebenen zu erwerben, und tüchtige Unterofficiere, die, den Kitt einer Armee bildend, vollkommene Dienstkenntniss, Geschicklichkeit in allen praktischen Uebungen besitzen und strengen Berufseifer an den Tag legen sollen, sichern erst dem Heere ein solides Cadresystem. Erschwert aber schon die kurze Präsenzzeit die Erlangung und Erhaltung fester Cadres, so sind die Schwierigkeiten bei einem von den ungünstigsten Verhältnissen begleiteten Uebergangsstadium, wie ihn die österreichisch-ungarische Wehrkraft durchmachte, fast unüberwindlich.

Das k. k. Heer hatte in Folge der Feldzüge von 1866 einen grossen Abgang und durch die Annahme des neuen Wehrsystems einen sehr gesteigerten Bedarf an Officieren. Durch die verzögerte Vereinbarung des Wehrgesetzes ward die Ausbeutung des Institutes der Einjährig-Freiwilligen vertagt.

Der jähe Uebergang zu den strengen Anforderungen in den ersten Beförderungs-Vorschriften ohne Anwendung zweckmässiger Uebergangs-Bestimmungen, wie sie bei einem plötzlichen Umschwunge nothwendig sind, veranlasste viele Officiere, namentlich aber sehr brauchbare Hauptleute und Rittmeister, in den Ruhestand zu treten. Viele Officiere entgingen dem stehenden Heere durch ihren Uebertritt in die Landwehren. Der Schwindel einer Gottlob hinter uns liegenden traurigen Speculations-Periode hatte endlich zur Verbreitung der irrigen Ansicht geführt, dass man im Civildienste auf die leichteste Weise zu sehr lucrativen Anstellungen gelangen könne, und es vertauschten denn auch Officiere ihre sichere Stellung mit einer ephemeren Existenz. Die Armee verlor demnach gerade zur Zeit, als das Officiercorps eine bedeutende Vermehrung erfahren sollte, eine Menge brauchbarer Officiere.

Mit der Verminderung der activen Dienstzeit wurden aber dem Heere auch viele gute Unterofficiere entzogen. Ihr Ersatz und die Nothwendigkeit der Aufstellung zahlreicher Cadres für die Reserve-Regimenter und Landwehr erforderte die Heranbildung derselben in grosser Anzahl. Von grösster Bedeutung für ein Heer ist aber die Erhaltung guter Unterofficiere im activen Dienste über die gesetzlich normirte Präsenzzeit, worüber gehörig vorgesorgt werden müsste. Zu den ungünstigen Verhältnissen der Uebergangs-Periode gesellte sich eine Massregel, welche von den allernachtheiligsten Consequenzen für das Heer begleitet gewesen wäre, hätte man nicht bei Zeiten ihre Tragweite ermessen und den Fehler wieder gut gemacht. Wir meinen die erfolgte Auflösung vieler Militär-Bildungsanstalten und die Einführung des Systems der Stipendien-Ertheilung. Dadurch hätte man sich des hervorragendsten Mittels, Berufssoldaten mit der nothwendigen Fachbildung für die Ergänzung des Officier- und Unterofficiercorps zu erlangen, entschlagen, der man in einem Heere mit kurzer Präsenzzeit in so grosser Anzahl bedarf.

Im ersten Stadium des Ueberganges zur neuen Heeresverfassung waren also die mit der Bildung der Cadres verbundenen Schwierigkeiten sehr gross. Aber gleich gross erscheinen auch die Resultate, welche bisher erzielt worden sind. Die oberste Heeresleitung, bestrebt die Armee nach jeder Richtung hin zu heben, damit sie den grösstmöglichen Grad der Schlagfertigkeit erreiche, wandte insbesondere dem Cadreswesen ihre volle Aufmerksamkeit zu; sie scheute namentlich kein Mittel, um dem Heere gute Unterofficiere in je grösserer Anzahl zu erhalten. Dies geschah vor Allem durch die Systemisirung von ausreichenden Dienstesprämien, mit welchen gegenwärtig 10.794 Unterofficiere der Linie zum freiwilligen Fortdienen bestimmt wurden. Von diesen entfallen 5936 auf die Infanterie, 1974 auf die Cavallerie, 1379 auf die Artillerie und der Rest auf die anderen Corps und Branchen.

Für die Unterofficiere werden angemessene Civilbedienstungen reservirt. Aber ein Haupthebel, um Unterofficiere zum Fortdienen im Heere zu bewegen, fiel leider weg, nämlich die Aussicht auf die Beförderung zum Officier, die eventuell nur der Krieg bietet. Auch in dieser Beziehung hätte mit der ersten Beförderungs-Vorschrift irgend eine Uebergangs-Bestimmung getroffen werden müssen.

In der Commission, welche die letzte Beförderungs-Vorschrift vereinbarte, waren einige Mitglieder derselben für die Aufnahme einer Ausnahms-Bestimmung zu Gunsten der Unterofficiere eingetreten. Nach ihnen sollte der Feldwebel, welcher bei vorzüglicher Verwendbarkeit sechs Jahre tadellos gedient hatte, das Recht zur Ablegung der für den Reserve-Officier vorgeschriebenen Prüfung erlangen, dann zum Officiers-Stellvertreter und nach einem Jahre zum Officier in der Linie befördert werden. Die Majorität der Commission erklärte sich aber für die strenge Festhaltung an dem einmal ausgesprochenen Principe, dass die Erlangung des Officierranges von den seit Jahren in Kraft stehenden Bedingungen abhängig bleiben müsse. Kann man nun die Consequenz, welche die Majorität bethätigte, nur billigen, so muss man aber auch jene Rücksichten gehörig würdigen, welche die Minorität bestimmte, im Interesse der Erhaltung tüchtiger Unterofficiere im Heeresdienste einen Vorschlag einzubringen, der vielleicht nur deshalb unannehmbar erscheinen mochte, weil der richtige Zeitpunkt bereits versäumt worden war.

Musste nun auch bei Sicherstellung der Cadres jene Massregel ausser Betracht kommen, so verfolgte das Reichs-Kriegsministerium mit um so grösserer Aufmerksamkeit die successive Entwickelung des Institutes der Einjährig-Freiwilligen und liess an der Hand der gemachten Erfahrungen zweckmässige Modificationen in Bezug ihrer Behandlung und Ausbildung eintreten, um für den Ernstfall je mehr Reserve-Officiere zur Verfügung zu haben. Seit dem Bestande des Institutes sind 24.500 Einjährig-Freiwillige im Heere eingereiht worden, von welchen 3300 zu Reserve-Officieren ernannt wurden, 3500 die Cadetten-Prüfung gut ablegten und 16.800! ihr Präsenzjahr abdienten, ohne einen der früheren Grade erreicht zu haben.

Die Auflösung vieler Militär-Bildungsanstalten war für das Heer glücklicherweise nicht von erheblichen nachtheiligen Folgen begleitet, da zur Zeit, als die letzten Jahrgänge jene Anstalten verliessen, bereits neue errichtet wurden. Im vorigen Jahre traten aber wieder die Cadettenschulen ins Leben, deren Einrichtung und Studienplan mehr den Anforderungen einer zweckmässigen militärischen Ausbildung und Erziehung entsprechen. Was nun die Linie betrifft, so wäre für die Ergänzung der Cadres viel geschehen, und auch ihre Stärke stünde zu jener des Heeres bereits in einem günstigeren Verhältnisse. Von den Landwehren kann, trotz der besonderen Fürsorge der beiden Landesvertheidigungs-Ministerien, dies noch nicht gesagt werden, wenngleich für den Mobilisirungsfall Massregeln vorbereitet sind, die den Abgang an Officieren weniger fühlbar machen werden.

Unter den allerschwierigsten Umständen musste die k. ungarische Landwehr ihre ersten Cadres aufstellen, da ihr hierzu, wie bereits erwähnt, von der Linie keine Stämme von Unterofficieren und gedienten Soldaten abgetreten worden waren. Dem Landesvertheidigungs-Ministerium blieb demnach nichts Anderes übrig, als zu dem Mittel der Werbung zu schreiten, wodurch es ungefähr 2000 Mann zusammenbrachte, von welchen es in Budapest ein Bataillon und zwei Escadronen Cavallerie als Haupt-Lehrabtheilungen formiren liess, die unter der umsichtigen Leitung des Obersten Terstyánszky und eines tüchtigen Reiterofficiers, des Majoren Henneberg, standen. Nach erfogter Ausbildung wurden die Officiere und Mannschaften als Kern der in den sechs Landwehr-Districten aufzustellenden Lehr-Abtheilungen verwendet. So kam man über die grossen Schwierigkeiten des ersten Stadiums der Errichtung der k. ungarischen Landwehr.

Nach Aufnahme des ersten Recruten-Contingentes durch die vorhandenen spärlichen Cadres war noch kein zweckmässiger Ausbildungsmodus, der auch eine fortschreitende Ergänzung derselben ermöglicht hätte, ermittelt worden. Aber schon im zweiten Jahre wurde ein System der theoretischen und praktischen Schulung eingeführt, das für die Ausbildung der k. ungarischen Landwehr von durchgreifendstem Einfluss war. Dieses System*, das bei der für die erste Ausbildung so karg bemessenen Zeit einzig und allein die Möglichkeit in sich schliesst, Unterofficiere heranzubilden, die einen ziemlichen Grad von Brauchbarkeit besitzen und, sobald sie im Dienste erhalten werden, auch eine erhöhte Verwendbarkeit erlangen,

---
* Rührt von dem ehemaligen Adjutanten des Landwehr-Obercommandos, nunmehrigen Obersten und Cavallerie-Brigadieren Ritter von Henneberg her.

kennzeichnet sich durch eine rationelle, stufenweise Ausbildung des geschickteren und intelligenteren Theiles der jährlich in die Landwehr eintretenden Recruten, welche nach ihrer achtwöchentlichen primitiven Vorbildung über die Wintermonate in die Bataillons-Unterofficierschule einberufen werden, um dann im Frühling auf zwei Monate in die Brigade-Unterofficierschule überzugehen. Bei der Cavallerie bestehen die Regiments-Unterofficier-Schulen und die Cavallerie-Schule zu Jászberény. Die Schüler machen demnach einen sechsmonatlichen theoretischen und praktischen Unterricht durch, werden dann geprüft und die Befähigteren zu Unterofficieren ernannt. Als solche werden sie dann abwechselnd zur Dienstleistung einbezogen und durch Dienstesprämien zum Fortdienen bei den Bataillons- und Escadrons-Cadres angeeifert. In diesem Jahre beträgt die Zahl der freiwillig im activen Dienste Verbliebenen bei der Infanterie 756, bei der Cavallerie 285 Unterofficiere. Bis zu der im Jahre 1872 erfolgten Eröffnung der Ludovica-Akademie* bestanden die sogenannten Districts-Officier-Vorbildungsschulen, welche wieder die besten Schüler der Brigadeschulen aufnahmen, die dann successive zu Officieren befördert wurden.

Mit der Bildung des Officiercorps hatte man Anfangs mit der einen Schwierigkeit zu kämpfen, dass der Reichs-Kriegsminister den Uebertritt von Officieren aus dem stehenden Heere in die Landwehr ungern bewilligte, weil er sie selbst benötbigte. Diese

---

* Die Ludovica-Akademie sollte ursprünglich gleich den bestehenden k. k. Akademien eine militärische Hochschule werden. Anregung zu ihrer Gründung gab der zu Ende des vorigen Jahrhunderts wahrgenommene grosse Mangel an Officieren ungarischer Nationalität in den heimischen Regimentern der k. k. Armee. Die nöthigen Fonds wurden durch patriotische Gaben aufgebracht, sie betragen gegenwärtig die Summe von nahezu 2 Millionen Gulden. Die Akademie sollte in Waitzen ins Leben treten, wo Kaiser Franz zum Baue des Gebäudes jenen Grund angewiesen hatte, auf welchem gegenwärtig das grosse Landesstrafhaus steht. Bis zur Errichtung der Akademie sollten die Fonds zur Aufnahme von ungarischen Jünglingen in den k. k. Militär-Bildungsanstalten verwendet werden. Der ungarische Landtag hatte diese Angelegenheit auch bald in die Hand genommen. Zu Ende des ersten Decenniums dieses Jahrhunderts hätte die Akademie eröffnet werden sollen, aber die Kriegsereignisse traten hemmend entgegen. Mit dem Eintritte des Friedens kam die Eröffnung der Akademie wieder ernstlich zur Sprache, sogar der Director war bereits ernannt. Im k. k. Schematismus vom Jahre 1824 steht der k. k. General-Major Andreas von Petrich als Local-Director des Ludoviceums in Waitzen verzeichnet. Später gerieth

waren aber gerade in der ersten Zeit unentbehrlich, da die reactivirten alten Officiere, die quittirten und aus dem Pensionsstande übernommenen Officiere total veränderten Verhältnissen und sehr gesteigerten Anforderungen gegenüberstanden, die fleissige Nachstudien und ununterbrochene praktische Uebungen erheischten. Als durch die stricte Anwendung des Wehrgesetzes allmälig auch die Schranke fiel, welche früher dem Uebertritte aus der Armee hinderlich war, erhielt die k. ungarische Landwehr einen bedeutenden Zuwachs an Linien-Officieren, die, der Mehrzahl nach, sehr brauchbare Troupiers waren. Auch an höher gebildeten Militärs fehlte es unter ihnen nicht und später traten auch mehrere tüchtige Generalstabs-Officiere höheren Ranges in den Verband der Landwehr. Doch, um bei den Cadres zu bleiben, müssen wir noch einer nicht geringen Anzahl von Unterofficieren Erwähnung thun, die in die Landwehr übertraten, weil ihnen in der Armee die Aussicht auf Beförderung verschlossen war, hier aber ebenfalls sehr verwendbare Officiere wurden. Es geht ihnen zwar in den meisten Fällen der sociale Schliff ab, wie es mitunter auch anderswo vorkommt, doch, wo das Interesse des Dienstes in Frage steht, ist das bei einer ersten Formation noch das kleinste aller Uebel.

Zu den heterogenen Elementen, aus welchen das Officiercorps der k. ungarischen Landwehr zusammengesetzt werden musste, gesellte sich nach und nach ein ganz lebensfrisches, nämlich die aus dem Schoosse der Institution bisher hervorgegangenen jungen Officiere,

diese vom Landtage des Jahres 1825 besonders urgirte Angelegenheit wieder ins Stocken, um 1835 wieder aufgenommen zu werden. Das Gebäude wurde vom Hofarchitekten Pollak auf jenem Grunde gebaut, den der k. k. Kammerherr Graf Anton Festetics dem Lande zu diesem Zwecke geschenkt hatte. Die Eröffnung der Akademie erfolgte aber erst 1848, um nach einigen Monaten wieder gesperrt zu werden. Nach vierundzwanzig Jahren wurden das Gebäude, das zu einem Garnisonsspital verwendet worden war, und die Fonds, welche das k. k. Kriegsministerium zur Aufnahme ungarischer Jünglinge in k. k. Militär-Bildungsanstalten verwerthet und im Allgemeinen musterhaft verwaltet hatte, ihrer ursprünglichen Bestimmung zugeführt. Im Jahre 1872 wurde nämlich die Ludovica-Akademie wieder eröffnet. Wenn sie auch keine militärische Hochschule ist, so entspricht sie den gegenwärtigen Verhältnissen. Die drei Lehrcurse sind: 1. Ein Vorbereitungscurs für 250 Honvéds. 2. Ein Officiers-Bildungscurs. 3. Der bestandene Officierscurs ging voriges Jahr ein, dafür wurde ein Officiers-Vorbereitungscurs für jene Officiere errichtet, welche in die Wiener Kriegsschule aufgenommen werden wollen.

welche bereits stark vertreten sind. Es sind dies im Ganzen Officiere, welche mit einer guten Vorbildung zur Truppe gekommen sind, Strebsamkeit und Berufseifer an den Tag legen und mitunter auch einen überraschenden Grad der Verwendbarkeit erlangt haben. Für den Ernstfall stehen der Landwehr noch die Officiere des Urlauberstandes zur Verfügung, welche entweder den vorerwähnten Kategorien angehören oder in der Landwehr herangebildet worden sind und in der Wehrpflicht stehen. Ist nun auch zur Vermehrung der Cadres sehr viel geschehen, auf die Kriegsstärke der Landwehr können sie aber nur dadurch erlangt werden, wenn ihr ein verhältnissmässiger Theil der Einjährig-Freiwilligen abgetreten wird. Für die Landwehr in ihrer gegenwärtigen Verfassung ist dies geradezu eine Lebensfrage. Denn ist schon das Ergebniss der Recrutirungen für die Landwehr in den letzten Jahren ein immer geringeres, so ist der Zuwachs an intelligenten Leuten seither ein kaum nennenswerther.

Eine Hauptbedingung zur Heranbildung und Gewinnung guter Cadres ist, sie in fortwährender Beschäftigung zu erhalten. Dies gilt besonders von der Landwehr. Die Cadres müssen daher in ein richtiges Verhältniss gebracht werden. Sie dürfen nicht zu gross für die Instandhaltung und Reinigung der Augmentationsvorräthe und zur Verrichtung des Ordonnanzdienstes und nicht zu klein für die Erreichung des eigentlichen Zweckes, ihrer weiteren Durchbildung, sein. In ein günstiges Verhältniss sind die Cadres der Landwehr-Cavallerie seit Einführung der Regiments-Formation getreten und auch ihre Beschäftigung ist eine von den besten Erfolgen gekrönte. Ersparnisse sollen wo immer gemacht werden, aber niemals auf Kosten der Ausbildung, denn diese bleibt stets die Hauptsache. Uns dünkt, dass es vielleicht besser wäre, mit einem Theile der Cadre-Mannschaft in den Districts- oder Brigadesitzen stehende Lehrabtheilungen aufzustellen.

In Bezug der so nothwendigen Stabilität der Cadres wären bei der Landwehr die Transferirungen der Officiere auf die durch die dringendsten Dienstesrücksichten gebotenen zu beschränken. Sonst kann sich kein fester Corpsgeist bilden. Im VI. District der k. ung. Landwehr hatte eine tüchtige und umsichtige Leitung vom Anfang an dafür gesorgt, dass das Officiercorps keinem grossen Wechsel unterworfen werde, und es wurde ein vorzüglicher militärischer und kameradschaftlicher Geist begründet und genährt, den man gleich wahrnimmt. Als wir bei Einführung des Concretualstatus in der Armee einem hohen General gegenüber die Bemerkung machten, wir müssten bei aller Anerkennung dieser gerechten Massregel den Verlust des alten Corpsgeistes bedauern, erwiderte er schlagfertig: „Dafür bekommen wir einen Armeegeist". Wir wollen seinen Ausspruch nicht bezweifeln, verharren aber nichtsdestoweniger bei unserer Meinung, dass der aus einem festen Corpsgeist entspringende Armeegeist vielleicht mehr Consistenz hat. Bei der Landwehr handelt es sich aber vornehmlich darum, dass die beurlaubte Mannschaft bei ihren periodischen Einberufungen nicht immer neue Vorgesetzte findet, dass, wie wir früher schon bemerkten, ein gewisser Verband hergestellt werde. Bei allen Massnahmen aber, welche sich auf die Cadres beziehen, erinnere man sich stets, dass, wo gute Cadres sind, auch gute Soldaten sind.

VII.

Die Heeresform.

Die Verallgemeinerung der Wehrpflicht bedingte den Uebergang zu einer anderen Heeresform. Bei ihrer Wahl waren, nebst einer zweckmässigen Heeres-Gliederung, die Machtstellung des Reiches, die Regierungsform, welche auf die äussere Politik, auf die Angriffs- oder Vertheidigungskraft des Staates einen grossen Einfluss nimmt, und endlich die Wehrverfassung der Nachbarstaaten massgebend. Die Wahl der Heeresform war aber im Allgemeinen mit keinen erheblichen Schwierigkeiten verbunden, und wenn eine von den vielen Broschüren, die den Anbruch unserer neuen Aera in den verschiedensten Varianten besprachen und beurtheilten, den Mangel an Originalität hervorhob,* den unsere Heeresorganisation kennzeichnen soll, so hatte ihr Verfasser jedenfalls eine grosse Unkenntniss in der Geschichte des Heerwesens beurkundet, weil er sonst wissen musste, dass wir überhaupt nicht in der Lage waren, etwas Neues zu erfinden. Denn im Laufe der Zeiten haben bekanntlich schon alle Heeresbildungen** und Ergänzungsarten bestanden.

---

* Der Verfasser jener Schrift scheint von dem Erfinder unseres Wehrsystems nichts gehört zu haben. Vielleicht hat er seinerzeit unter Anderem doch Artikel im „P. L." gelesen, die den §§ 11 und 12 von Willisens „Theorie des grossen Krieges" fast wörtlich entlehnt waren.

** Um nicht von der neueren Zeit zu sprechen, weisen wir auf das Heerwesen der Perser hin, in welchem, wenn auch nicht dem Namen nach, das stehende Heer und die Landwehr schon zum Ausdrucke kam. Das Heer der Hellenen und das der Römer basirten ja anfänglich auch auf der allgemeinen Wehrpflicht.

Auch die Preussen nehmen für ihr Wehrsystem kein besonderes Erfindungsrecht in Anspruch.* Ist ja dasselbe eine geniale Combination, bei der durch ein Zurückgreifen auf früher bestandene Wehr-Institutionen mit besonderer Berücksichtigung der damaligen Staatsverhältnisse eine Heeresformation ins Leben trat, welche alle Kräfte der nach dem Tilsiter Frieden auf einen Mittelstaat reducirt gewesenen preussischen Monarchie aufnahm und deren grösste Anspannung ermöglichte. Das Verdienst jener tiefdurchdachten Combination bleibt Preussen immerhin gewahrt, und wenn die fünfzigjährige Exclusivität seiner Heeresbildung und seines Ergänzungswesens seine grossen Erfolge herbeiführte, so lag der Grund einfach in der Unterschätzung derselben durch die anderen europäischen Mächte. Bei Ermittelung einer entsprechenden Heeresform für die Wehrkraft der österreichisch-ungarischen Monarchie konnte selbstverständlich nur die preussische in Betracht gezogen und gleich den Fundamental-Institutionen unseren Verhältnissen angepasst werden. Eine besondere Combination mit anderen Heeresformen war nicht denkbar.

Nach dem Falle des Conscriptionsheeres blieben ausser der preussischen nur zwei andere Heeresformen, deren wir nur deshalb Erwähnung thun, um unsere Betrachtungen zu erschöpfen. Die eine, eine eigenthümliche Combination des Milizsystems mit dem Werbeheer, kann nur bei der kleinen Landmacht eines grossen

---

* Bräuner, der 1863 als Premier-Lieutenant im 1. schles. Grenadier-Regimente diente, sagt in seinem, bei Mitter in Berlin erschienenen, allerseits als vortrefflich anerkannten Werke: „Geschichte der preussischen Landwehr" darüber Folgendes: „Es ist nun später ein Meinungsstreit darüber entstanden, wer als Urheber der Landwehr zu betrachten sei. Zunächst möchten wir darauf aufmerksam machen, dass aus der geschilderten historischen Entwickelung des preussischen Wehrsystems wohl mit genügender Klarheit hervorgeht, dass die Idee der Landwehr eine längst vorhandene, bereits in verschiedenen Formen und Gestalten ins Leben getretene war, also von einem Urheber, insoweit man darunter den Schöpfer von etwas ganz Neuem versteht, füglich überhaupt nicht die Rede sein kann. Es wird den grossen Verdiensten des Generals von Scharnhorst wahrlich keinen Abbruch thun, wenn wir demgemäss behaupten, dass die Idee einer Volksbewaffnung zur Landesvertheidigung und Unterstützung des stehenden Heeres nicht erst in seinem Geiste entstanden, sondern dass sie ein Product des genauen Studiums unserer historischen und staatlichen Verhältnisse, also eine Wiederanknüpfung des zerrissenen historischen Fadens war."

maritimen Staates wie England in Anwendung kommen. Allein selbst dort ist die Unhaltbarkeit dieses Systems in allen continentalen Kriegen, in die England verwickelt war, in der Unzulänglichkeit seiner Landarmee zu Tage getreten. Wie das mächtige Inselreich bei der Verallgemeinerung der Wehrpflicht in allen Staaten, die ihm die Errichtung fremder Hilfstruppen sehr erschwert, wenn nicht ganz unmöglich macht, ohne Aenderung seines Wehrsystems auslangen wird, ist uns nicht einleuchtend. Für eine Politik des Friedens at any rate, wie sie die Manchester-Partei seit Palmerston's Tode übt, genügt die kleine Landmacht allerdings, aber für eine der Machtstellung Grossbritanniens entsprechende active Politik keinesfalls. Die zweite Heeresbildung gipfelt im reinen Volksheer, im Milizsystem, dessen Annahme uns sogar anempfohlen wurde. In ausserordentlichen Zeiten stellen sich immer Heeresverbesserer mit den sonderbarsten Projecten ein. Wir sind weit entfernt davon, die grossen Vorzüge des Milizsystems etwa verkennen zu wollen. Es ist ja das einzige Wehrsystem, das die grösste Entfaltung der materiellen Wohlfahrt und bei einem vorzüglich ausgebildeten Cadresystem auch der Widerstandsfähigkeit der Völker und Staaten zulässt. Aber es muss noch immer ein Ideal bleiben, nach dem die Völker streben, das schon manchem grossen Staatsmann* und Militär** vorschwebte, — dessen Erreichung aber nur durch einen allgemeinen Uebergang aller Staaten zur Volksbewaffnung möglich wäre. Gegenwärtig kann aber nur ein kleiner, auf eine passive Politik angewiesener neutralisirter Staat, wie die Schweiz, eine solche Heeresbildung annehmen. Das Wagniss, mit Milizen einen Offensivkrieg gegen einen Staat führen zu wollen, dem ein tapferes, stehendes Heer zur Verfügung steht, hat das kleine Serbien theuer bezahlen müssen.

Wenn man heutzutage an eine Grossmacht die Zumuthung stellt, ihre bewaffnete Macht auf das Milizsystem zu basiren, so heisst dies so viel, als sie zur Abdication als solche aufzufordern. Solche Vorschläge, denen wieder nur der Kostenpunkt, die Ziffern des Heeresbudgets, nicht aber eine richtige Würdigung der Machtsphäre eines Grossstaates und der actuellen europäischen Wehr-

---

* Machiavelli im Cap. 12 seines „Fürsten".
** Radetzky in seiner wenig gekannten, aber sehr bemerkenswerthen und von seinem hellen Geiste Zeugniss gebenden Denkschrift vom Jahre 1828.

Verhältnisse zu Grunde liegen, können überhaupt nur in der Voraussicht erwähnt werden, dass sie sich vielleicht wiederholen könnten. Umgeben von mächtigen Militärstaaten, die den Schwerpunkt ihrer bewaffneten Macht noch immer in einer starken und zahlreichen Linie suchen, konnte die österreichisch-ungarische Monarchie nicht daran denken, den Schwerpunkt ihrer eigenen zu verrücken und auf die Landwehr oder eine wie immer geartete volksthümliche Wehr-Institution zu verlegen. Es konnte die sehr beachtenswerthe Thatsache nicht ignoriren, dass Preussen gerade das Gegentheil that, indem es sein Linienheer bedeutend verstärkte, die Landwehr zweiten Aufgebotes auflöste und die des ersten Aufgebotes aus der Feldarmee ausschied.

Diese bedeutungsvolle, durch glänzende Erfolge gerechtfertigte Umgestaltung der preussischen Wehrkraft forderte bei der Reorganisation unseres Heeres um so mehr zu ernsten Erwägungen auf, als wir die Folgen derselben zunächst empfunden hatten. Nachdem auch wir jene Heeresgliederung angenommen hatten, welche die zweckmässigste Verwendung der Wehrpflichtigen aller Kategorien ermöglicht, so musste aus vorerwähnten Gründen die Offensivkraft,* welche die durch ihre Schlagfertigkeit zur Action stets bereite Linie ist, im Verhältniss zu der in Folge der Verallgemeinerung der Wehrpflicht bedeutenden Zunahme der Wehrkraft auch ansehnlich verstärkt werden. Von eminenter Wichtigkeit war die Organisation der Defensivkraft, welche bekanntlich alle zur Landesvertheidigung bestimmten Kräfte umfasst, denn durch sie soll im Ernstfalle die gesammte Wehrkraft in ihrer sich gegenseitig ergänzenden kriegerischen Thätigkeit zur Verwendung gelangen, — die allgemeine Wehrpflicht, im vollsten Umfange zur Geltung kommen.

---

* Bezüglich der Distinction zwischen Offensiv und Defensivkraft machte uns seiner Zeit ein hervorragender Kamerad die Bemerkung, sie beruhe auf einem Wortspiel, da die stehende Armee eben so offensiv als defensiv auftrete. Allerdings im taktischen Sinne. Aber in der Heeres-Gliederung kommt die Verwendung der verschiedenen Glieder der Wehrkraft zum Ausdruck, und wenn sie nicht eine specielle Bestimmung im Kriege hätten, so wäre jede Unterscheidung ganz und gar überflüssig. Die Landwehr tritt ja auch oft mit dem stehenden Heere offensiv auf, aber ihre eigentliche Bestimmung ist doch die einer strategischen Reserve. Uebrigens haben wir diese Unterscheidung auch nicht erfunden, sondern uns in längstvergangener Zeit aus Büchern und zwar sehr guten angeeignet.

Bei der Wahl der Formen, in welchen das defensive Element als drittes Glied der Wehrkraft aufgenommen werden sollte, entschieden jene Factoren, die wir im III. Abschnitte zur Genüge betont haben.

Auch wir griffen auf die Vergangenheit zurück, indem wir die Landwehr organisirten. Ihre Errichtung war in Oesterreich schon 1805 beschlossen worden und 1808 durchgeführt, aber ihre Organisation war eine von der preussischen wesentlich verschiedene. Im Jahre 1813 wurde die Landwehr schon als integrirender Theil des stehenden Heeres den Linienregimentern einverleibt, deren Elite-Bataillone sie zu Anfang der Dreissiger-Jahre bildeten. In ihren Reihen waren die alten Soldaten mit dem Leipziger Kreuze damals noch stark vertreten.

Im Jahre 1835 verloren die Landwehr-Bataillone ihr einziges Unterscheidungs-Zeichen, das bekannte L. W. von ihren Czakos, ergänzten sich dann aus Recruten und waren nichts Anderes als die vierten und fünften Bataillone der Linienregimenter, als welche sie endlich 1852 auch die Benennung „Landwehr", die keinen Sinn mehr hatte, einbüssten. Dieses ist in kurzen Zügen die Geschichte der k. k. Landwehr von ihrem Entstehen bis zu ihrem gänzlichen Aufgehen in die Linie. Und wenn noch im vorigen Jahre in einem Blatte das Bedauern über das Eingehen unserer alten Landwehr ausgedrückt wurde, so ist dies ein Beweis, dass die Organisation und Bestimmung jener tapferen Bataillone, welche sich gegen Napoleon mit Ruhm bedeckten, namentlich aber bei Wagram die wiederholten stürmischen Attaquen der französischen Reitermassen mit staunenswerther Kaltblütigkeit abschlugen, in den militärischen Kreisen der jüngeren Generation nicht allgemein bekannt ist. Die k. k. Landwehr war demnach kein Bestandtheil einer organisirten Landesbewaffnung wie in Preussen. Sonst hätte Radetzky vor fünfzig Jahren nicht nachstehende Worte niedergeschrieben, die aus dem Dunkel der Vergessenheit hervorgezogen zu werden verdienen. In seiner Denkschrift vom Jahre 1828 sagte der unvergessliche Marschall: „Die stehenden Heere haben in dem neuen Europa den Glanz der Landwehren gänzlich verdunkelt. Dadurch sind in neuester Zeit alle Erfahrungen, die uns bei Beurtheilung des Werthes der Landwehr leiten könnten, verloren gegangen. Und doch beruht die zuverlässigste Stärke eines

Staates auf zweckmässig gebildeten Landwehren. Diese Einrichtung ist die natürlichste und deshalb auch die beste. Sie liefert dem Staate im Verhältnisse seiner Bevölkerung die grösste Anzahl Streiter, sie erhält im Volke das Bewusstsein lebendig, dass es sich selbst vertheidigt, eben dadurch also auch einen kriegerischen Geist, der nicht leicht ausarten wird, weil Diejenigen, welche er belebt, niemals aufhören, Bürger zu sein. Ein solcher Geist auf einer solchen Höhe aber macht ein Volk unüberwindlich."

Ganz andere Verhältnisse wiesen auf die Annahme des Landwehrsystems in Ungarn hin, wo die Landesvertheidigung von Altersher auf nationalen Wehreinrichtungen beruhte, die in der 1809 zuletzt aufgerufenen Insurrection ihr Ende erreichten, um mit dem Gesetzartikel XXII von 1848 in der Nationalgarde und in der Landwehr wieder zu erstehen. Wenn Ungarn nach Reactivirung seiner Verfassung die Nationalgarde zu Gunsten der Landwehr aufgab, so handelte es nur im Interesse der gemeinsamen Wehrkraft. Denn eine sogenannte militärische Institution, wie die Nationalgarde, deren Mitglieder die Verrichtung des Dienstes von dem Willen der Frauen, vom Wetter und sonstigen Geschäften abhängig machen, die in der Regel mehr Hang zum Politisiren als zur Erfüllung der ernsten Pflichten eines Soldaten haben, erfahrungsmässig aber in jedem Lande ein Conglomerat von Contingenten aller politischen Parteien repräsentiren und im Allgemeinen, ausser bei Krawallen, eine besondere Scheu vor dem Pulvergeruch haben, hat nicht den geringsten militärischen Werth.

Indem man sich also bei Organisation der Defensivkraft für die Landwehr entschied, trachtete man, mit einer erhöhten militärischen Leistungsfähigkeit auch dem nationalen Elemente Rechnung zu tragen. Bei einem Heere, das nicht aus einer, sondern aus mehreren Nationen hervorgeht, muss alle Theile der Geist der Zusammengehörigkeit beleben, der in der Hingebung gegen den gemeinsamen Kriegsherrn, in der Pflichttreue und Vaterlandsliebe culminiren soll, welche selbstverständlich auch das rege Bewusstsein der Nothwendigkeit eines einmüthigen Einstehens für die Wohlfahrt und Machtstellung der Monarchie involvirt. Aber in der Landwehr muss das Nationalgefühl besonders berücksichtigt werden, das man heutzutage in allen Armeen, die einer Nation angehören, sehr anregt.

In Ungarn bedarf es keiner besonderen Belebung, denn das Nationalgefühl, gepaart mit einem kriegerischen Charakter, ist stärker entwickelt als in irgend einer Nation, und sucht seine Berechtigung selbst in den kleinsten Aeusserlichkeiten. Deshalb ward der k. ung. Landwehr auch eine nationale Uniform gegeben und der Gebrauch des heimischen Idioms im dienstlichen Verkehr eingeführt. Die Unterstellung der Landwehr unter das k. ung. Landesvertheidigungs-Ministerium und ihre Organisation auf nationaler Grundlage beruht endlich auf gesetzlichen Bestimmungen.

Alle Normen, die Dienst- und Exercier-Reglements, die Abzeichen, die Bewaffnung und mit geringen Abweichungen die Ausrüstung sind jenen des stehenden Heeres gleich, das beiderseitige Dienstverhältniss im Frieden ist nach dem Principe der Gleichheit geregelt, eine eigene Generalität* besitzt die Landwehr nicht und im Ernstfalle ist sie in Allem und Jedem der gemeinsamen obersten Heeresleitung unterstellt.

Die eigenthümliche Organisation und der nationale Charakter der Defensivkraft Ungarns wurden in den letzten Jahren als ein Dualismus bekämpft,** der mit der Einheit der Wehrkraft unvereinbarlich sei. Doch nicht nur allein mit dem Dualismus, sondern auch mit dem Trialismus hätten wir abzurechnen, den die k. k. Landwehr, als unter einem speciellen Ministerium stehend, repräsentiren soll. Sollte es Jemandem einfallen, an diese Trias

---

* Es wird in den Blättern noch immer von einer speciellen Honvéd-Generals-Uniform geschrieben, als ob die k. ung. Landwehr eine eigene Generalität hätte. Bekanntlich tragen die k. k. Generale der Cavallerie und alle General-Majore, die in der Armee als Oberste ein Hussaren-Regiment befehligten, — als ein Recht, das nicht auch das Tragen der gewöhnlichen Uniform ausschliesst — die k. k. ungarische Generals-Uniform. Die Oberste der k. ung. Landwehr treten bei ihrer Beförderung in den Status der k. k. Generalität und tragen dann die letztgenannte Uniform.

** Mitunter in einer Weise, die uns lebhaft an den Schlusssatz einer im Maiheft von 1870 der Berliner „militärischen Blätter" erschienenen Wiener Correspondenz über die eigenthümlichen Leistungen eines unserer Militär-Organe erinnerte, in welcher eine unrichtige, aber sehr ungünstige Schlussfolgerung über unser Heer gezogen war. Die Presse hat ausser den Gesetzen, die etwaige Ausschreitungen einschränken sollen, auch solche, die sie sich selbst dictirt und strenge einhält. Sie umfassen den Takt, den Anstand und die Rücksichten gegen die Interessen der Gesellschaft und des Staates, die keine ihres hohen und wahren Berufes bewusste anständige Presse ausser Acht lässt.

auch die Landesvertheidigung von Tirol anzureihen, so hätten wir den Pluralismus. Nichtmilitärs haben sogar den Bestand von drei gesonderten Armeen constatirt. Jedenfalls ist ihnen die Wahrnehmung entgangen, dass den beiden Landwehren, die gegenüber einem 800.000 Mann starken gemeinsamen Heere überhaupt keine Armee sein können, der ihnen hierzu erforderliche Apparat zur selbstständigen Action, als: der Generalstab, die Artillerie und technischen Corps abgeht, der ihnen erst im Ernstfalle behufs eines einheitlichen Zusammengreifens mit der Linie von dieser zugewiesen wird.

Wenn man nicht die wichtigen Momente verleugnen will, die bei unserer Heeresorganisation ausschlaggebend waren, so kann man im dritten Gliede unserer Wehrkraft nur jene starken National-Reserven erblicken, die einer unserer grossen Lehrmeister, Jomini, unter seinen zwölf wesentlichen Bedingungen einer guten Heeresformation als die dritte bezeichnet. Eine Monarchie, deren Bevölkerung aus verschiedenen Nationalitäten besteht, kann sich des allerwichtigsten Factors im Kriege, nämlich solcher National-Reserven, umsoweniger entschlagen. Obgleich aus einer ausserordentlichen Epoche eines Nachbarstaates entlehnt, bleibt doch dasjenige immerhin lehrreich und für ein Reich mit gemischter Bevölkerung beachtenswerth, was Bräuner in seiner „Geschichte der preussischen Landwehr" über die Intentionen Scharnhorst's bei der ersten Organisirung der Landesbewaffnung sagt, nämlich: „dagegen muss (gegenüber der späteren, 1815 erfolgten Landwehr-Einrichtungen) ausdrücklich hervorgehoben werden, dass diese Landesbewaffnung völlig selbstständig neben dem stehenden Heere organisirt werden und nicht durch dasselbe gehen sollte. Letzter Punkt war an sich schon dadurch bedingt, dass man dann erst nach längerer Zeit eine Miliz erhalten konnte (so wie wir erst nach Jahren eine Landwehr, wenn sie sich successive aus der Reserve hätte ergänzen sollen), auch die Linientruppen für's Erste mit der Ausbildung der Krümper vollauf beschäftigt waren. Ueberhaupt war aber General Scharnhorst dagegen, die Miliz durch Ausbildung der Mannschaft im stehenden Heere zu erzielen, weil dieselbe dann als ein Theil der stehenden Armee und nicht als eine National-Miliz und Landwehr betrachtet wurde, auch niemals so weit, wie eine völlig selbstständige allgemeine National-Bewaffnung ausgedehnt werden könnte".

Entspricht nun auch eine festere Heeresgliederung mehr den Bedingungen einer guten Organisation, so gewährt der in der staatlichen Selbstständigkeit Ungarns begründete Dualismus, wie er in der ungarischen Landwehr ausgeprägt ist, durch die besondere Berücksichtigung des nationalen Elementes einen viel grösseren Spielraum für den moralischen Aufschwung und die Kraftentfaltung in ernsten Tagen. Für diese reorganisirten und sammelten wir unsere Kräfte, um sie dann in ihrer Totalität in die Wagschale zu werfen. Und da können wir angesichts der grossen Leistungen, die uns unsere militärische Ehre und die Wiedererlangung der einstigen Machtfülle unseres nunmehr erstarkten Reiches auferlegen, die Möglichkeit einer bedeutend grösseren Kraftentwickelung nicht organisatorischen Rücksichten aufopfern, die bei dem Bestande einer grossen festgegliederten gemeinsamen Feldarmee nicht viel aufwiegen.

VIII.
Die Stärke des Heeres.

Als es galt, in die Rahmen der gewählten Heeresform die urwüchsigen Kräfte der wehrfähigen Bevölkerung Oesterreich-Ungarns einzufügen, vereinbarten die beiden Legislativen eine Stärke des Heeres, die den im vorhergehenden Abschnitte hervorgehobenen Factoren und den damaligen internationalen Beziehungen entsprach. Die Stärke des Linienheeres ward auf 800.000 Mann, die der beiden Landwehren auf je 100.000 Mann für die Dauer von zehn Jahren festgetzt. Nun soll darüber entschieden werden, ob diese Stärke des Heeres beibehalten oder geändert werden soll. Es muss also zunächst untersucht werden, ob die Verhältnisse, welche uns damals zur Annahme einer solchen Stärke bestimmten, sich überhaupt und in welcher Weise geändert haben. Seitdem haben die europäischen Mächte die damals begonnene Reorganisation ihrer Armeen im Grossen und Ganzen durchgeführt. Preussen als tonangebende Macht hatte den durch seinen Ländererwerb errungenen Zuwachs an Kraft in unglaublich kurzer Zeit in das feste Gefüge seiner trefflichen Heermaschine aufgenommen. Bald stand Deutschland, das nicht auf eine durchgreifende Reorganisation angewiesen war, mit dem „Gewehr ab!" wieder schlagfertig da.

Die anderen Staaten legen an ihre militärische Organisation sozusagen noch die Feile an und ihre Armeen sind, bis auf die Frankreichs, so ziemlich operationsfähig. Vor sieben Jahren standen wir beim Ausbruche des grössten aller Conflicte, deren Schauplatz Europa seit dem Auftreten des Friedensverkünders und Staatenretters Napoleon III. war, auf dem Sprunge, in einen den ganzen Welttheil mit sich fortreissenden Krieg verwickelt zu werden. Und wie steht es heute mit dem so sehr ersehnten Frieden? Seit zwei Jahren hat an den südlichen Marken unserer Monarchie wieder eine jener periodisch wiederkehrenden südslavischen Bewegungen unsere ganze Wachsamkeit in Anspruch genommen und in ihrer fortschreitenden Entwickelung sich als eine neue Phase der orientalischen Frage entpuppt. Russland und die Türkei stehen sich seit Monaten in Waffen gegenüber, und wenn die nächste Zukunft auch einen Frieden bringen sollte, so dürfte er wohl kaum von langer Dauer sein. Im Allgemeinen bringt es aber die centrale Lage unserer Monarchie mit sich, dass wir bei jeder europäischen Frage ins Mitleid gezogen werden. Die ganze Welt wünscht den Frieden, an die dauernde Erhaltung desselben glaubt aber ernstlich Niemand. Daher die fieberhaften Anstrengungen aller Staaten auf dem Gebiete des Kriegswesens, die grossen stehenden Armeen und die in steigernder Progression wachsenden Heeresbudgets. Man braucht nicht in die Geheimnisse der Diplomatie eingeweiht zu sein, um in dieser abnormalen Lage unseres Welttheils den Keim zu einer früher oder später hereinbrechenden allgemeinen Krise zu erblicken, welche in den bisherigen rapiden Gang der Weltereignisse wieder einen längeren Stillstand, einen dauernden Frieden herbeiführen dürfte. Und da sollen wir die allerdings schweren Opfer scheuen, welche die ernste Weltlage unserer Monarchie mehr denn jedem anderen Staate mit zwingender Macht auferlegt, unsere eigene Sicherheit uns dringend gebietet. Friedensaposteln sollen wir unser Gehör leihen, die seit Bright und Cobden ihre bekannte Pilgerfahrt nach Petersburg antraten, um den Czaren Nicolaus im Interesse der Humanität vom Krimkriege abzuhalten, wie die Möven dem Sturme voranzogen. So auch Elihu Burit, der famose amerikanische Quäker, der nach 1859 das goldene Zeitalter begründen wollte. Und endlich unser Elihu Burit, der, wie ein böses Omen, vor Ausbruch der jetzigen orientalischen Verwickelungen für das Zustandekommen eines europäischen Parlamentes — eines Friedens-Areopags — in die Schranken trat, vor dessen phylantropischen Ergüssen die Millionen Bajonnete vom Erdboden verschwinden sollten.

Gegen Bajonnete kann man aber wieder nur Bajonnete brauchen, und zwar so viel als nur möglich. Nur so gelangt man zum Frieden. Eine gute Militär-Politik muss die Zukunft und nicht die Gegenwart im Auge halten. Anders soll aber wieder ein Theil unserer Volksvertreter denken. Wie wir hören, wollen sie für eine bedeutende Reduction der gemeinsamen Armee eintreten.

Also, nicht etwa eine Herabsetzung des Präsenzstandes, die im Interesse der Ausbildung und Schlagfertigkeit des Heeres auch unzulässig ist, sondern eine Schwächung der Operations-Armee, die, da wir im Ernstfalle doch über eine Million Combattantan benöthigen, eine Aufnahme der dort entfallenden Kraft in anderer Form bedingen würde. Etwa in der Defensivkraft? Ueber die Unmöglichkeit einer Verrückung des Schwerpunktes unserer Linie haben wir uns bereits im vorhergehenden Abschnitte ausgesprochen. Mit einer solchen Reduction würde unsere gegenwärtige Heeresorganisation vollends erschüttert. Doch lassen wir Zahlen sprechen, die über alle Argumente stehen.

Der Präsenzstand der grossen europäischen Armeen ist nachstehender:

Der deutschen Reichsarmee . 438.831 Mann.
„ russischen Armee . . 663.359 „
„ französischen „ . . 460.186 „
„ italienischen „ . . 219.584 „
„ österr.-ungar. „ . . 247.624 „

Aus diesen Ziffern geht deutlich hervor; dass der Friedensstand unserer gemeinsamen Armee nicht ohne Berücksichtigung unserer finanziellen Verhältnisse festgestellt wurde. Ersparnisse liessen sich nur durch Beurlaubungen im grossen Umfange nach den Herbstübungen erzielen. Hierzu könnte man die Zeit benützen, welche zwischen dem letzten Marschmanöver und der vollendeten ersten Ausbildung der Recruten liegt. Der Friedensstand der Armee lässt sich aber jetzt nicht vermindern.

Die Kriegsstärke der Heere unserer grossen Nachbarstaaten und die unserer eigenen Kriegsmacht ist:

         Linie Defensivkraft
Des deutschen Reiches 1,137.192 + 242.830
Russlands . . . . . 1,197.963 — 167.499 ohne Zuzählung der Reichswehr, die dem Landsturm gleich ist.
Oesterreich-Ungarn . 800.731 — 250.000.

Es dürfte nun wohl auch dem Laien einleuchten, dass Oesterreich-Ungarn an eine wie immer geartete Reduction seiner Wehrkraft nicht denken kann und mindestens die gegenwärtige Stärke des Heeres beibehalten muss.

IX.
Die gegenwärtige Verfassung des österreichisch-ungarischen Heeres.

Die gemeinsame Armee.

Das geistige Element im Heere. Von der grossen geistigen Bewegung, die nach den epochalen kriegerischen Ereignissen der jüngsten Vergangenheit die ganze militärische Welt erfasste, wurde kein Heer in solchem Umfange berührt, wie das österreichisch-ungarische. Mit dem Fallen der Schranken, die der geistigen Entwickelung hemmend im Wege standen, mit der Möglichkeit, das Talent zur Geltung kommen zu lassen und mit dem rastlosen Streben, den gesteigerten Anforderungen unserer Zeit zu entsprechen, kam jene ausserordentliche geistige Thätigkeit zur Entfaltung, deren Ausdehnung und Bedeutung noch von Vielen nicht gehörig aufgefasst wird. Wenn auch der intellectuelle Aufschwung sich in Folge der früheren mangelhaften Volkserziehung in einigen Ländern und der daraus resultirenden Verschiedenheit des bildungsfähigen Materials in so kurzer Zeit nicht im höheren Grade auf die Masse des Heeres ausdehnen konnte, so ist zur Pflege des geistigen Elementes doch sehr viel geschehen. Aber im Allgemeinen manifestirte sich das erwachte geistige Leben im Heere in einer bisher ungekannten Erweiterung der Militär-Literatur auf allen Gebieten militärischen Wissens, in dem regen Interesse, mit welchem alle militärischen Streitfragen besprochen werden, in der Vervielfältigung der periodischen Fachschriften und in dem Erscheinen von Werken, deren vorzüglicher Werth allerseits anerkannt wird. Doch, nicht nur allein auf der Oberfläche treten die Merkmale eines erhöhten geistigen Lebens zum Vorschein, auch im Stillen äussert es sich in dem vorherrschenden Drang nach einer individuellen fortschreitenden Selbstbildung im Officiercorps und dessen unermüdliche Thätigkeit zur Weckung des geistigen Elementes in der Truppe. Zur individuellen geistigen Regsamkeit gesellte sich aber auch die grosse Anregung Seitens der obersten Heeresleitung. Durch zweckmässige Instructionen regelte sie die geistige Ausbildung in den Truppen-Schulen und die Fortbildung des Officiercorps. Fachwissenschaftliche Vorträge, welche in allen Garnisonen von dazu befähigten Officieren ohne Unterschied des Ranges gehalten werden, und die Thätigkeit von 15 militär-wissenschaftlichen Vereinen, die in Wien ihren Mittelpunkt haben, wird nicht allein das geistige Element im Officiercorps genährt, sondern auch der kameradschaftliche Geist gefördert.

Das moralische Element und die Disciplin: Nachtheilige Wirkungen von Unglücksfällen können in Verbindung mit den urplötzlich hereinbrechenden fremdartigen Erscheinungen einer grossen Umwälzung im Heeresorganismus eine Zeitlang sogar Zweifel über den Werth der im eigenen Heere innewohnenden Moral und Disciplin aufkommen lassen. Der Streit, der sich über die Ursache trauriger Ereignisse entspinnt, das Aufsuchen der Mittel zur Sanirung des Heerwesens geben einen reichlichen Stoff zur Bekämpfung gegnerischer Standpunkte, während der Umfang des zu Geschehenden die Gemüther mit Zweifel erfüllt. Wenn aber parallel mit diesen Empfindungen und Erscheinungen eine äusserste Anspannung der Kräfte aller Mitglieder des Heeres mit dem gemeinsamen Ziele zu Tage tritt, es intellectuell und auf den möglich höchsten Grad kriegerischer Leistungsfähigkeit zu heben, dann gelangt die Ueberzeugung zum Durchbruch, dass das durch Jahrhunderte gefestigte Fundament der bewaffneten Macht nicht erschüttert wurde, die alten Bande, welche das Heer Oesterreich-Ungarns in allen Phasen seiner bewegten Geschichte fest zusammenhielten, wieder sehr erstarkt sind. Der schnelle Uebergang zu der unserer Zeit angepassten humanen Behandlung des Soldaten, das Inslebentreten milderer Strafnormen und die Aufhebung aller entehrenden Strafen hatten anfänglich auch alle Eindrücke der Neuheit im Gefolge, aber sie haben das sittliche Gefühl im Heere gehoben. Mit Ende vorigen Jahres sind endlich die Soldaten, welche 1866 im Norden gekämpft hatten, aus dem Verbande der Reserve geschieden. Das Heer ist demnach vollkommen regenerirt.

Der Generalstab repräsentirte im alten österreichischen Heere die intellectuelle Elite. Klein in seinem Etat, war er gross durch sein umfangreiches Wissen und durch seine Tüchtigkeit als wichtigster Factor der Heeresleitung. Der Kern dieses Generalstabes war in den höheren Chargen noch stark vertreten und die Kriegsschule hatte ihm einen bedeutenden Nachwuchs an jungen Kräften zugeführt, als die Vermehrung der Armee, die darauffolgenden Mobilisirungen und Kriege, wegen Mangel an einer entsprechenden Ergänzung die Aufnahme minder fähiger Officiere nothwendig machte, die sich, wie es bei der Mittelmässigkeit stets der Fall ist, durch ein anmassendes Wesen und Beförderungssucht kennzeichneten. Dadurch und durch die Misserfolge unserer Waffen, die man ganz und gar dem Generalstab in die Schuhe schob, verlor er in der Armee an Ansehen und Vertrauen. Seine Auflösung als selbstständiges Corps war eine Massregel, die Jeder bedauern musste, der dem Generalstab in Folge seines hohen und wichtigen Berufes gerne eine bevorzugte Stellung zuerkennt, aber sie war vor Allem durch die Umstände geboten. Feldzeugmeister Freiherr von Kuhn, der Verjünger der Armee, hätte als einstiges hervorragendes Mitglied dieses distinguirten Corps gewiss nicht seine Auflösung beschlossen, wenn er nicht die Nothwendigkeit erkannt haben würde, dem Generalstab durch eine Verschmelzung mit der Armee seinen früheren Einfluss und sein Ansehen von Neuem zu begründen. Diese Massregel erwies sich aber auch in doppelter Hinsicht als eine sehr heilsame. Durch die Einbeziehung einer ansehnlichen Zahl von brauchbaren Truppen-Officieren zum Generalstabsdienst wurde das höhere geistige Element sehr gefördert und dem abermals sehr vermehrten Heere ein bedeutender Nachwuchs an Officieren für den Kriegsfall gesichert. Hand in Hand mit der Aufhebung der Ausnahmsstellung des Generalstabes gingen die zweckmässigsten Massregeln zu einer durchgreifenden theoretischen und praktischen Ausbildung des Officiercorps für diesen hochwichtigen Dienst. Die Recognoscirungs-Reisen im Auslande erfuhren eine Ausdehnung. Die Generalstabs-Reisen im Grossen unter persönlicher Leitung des Generalstabschefs wiederholten sich, während diese Reisen in Gruppen alljährlich stattfinden. An den Waffenübungen betheiligten sich die Officiere im ausgedehntesten Masse. Jeder Officier des Generalstabes musste jährlich grössere Elaborate einreichen, deren Stoff der Kriegsgeschichte, den Erfahrungen und dem Wissen des Einzelnen in Specialfächern entlehnt war oder sich, auf Betrachtungen über Waffenübungen der eigenen und fremden Armeen, auf vergleichende Kritiken über Einrichtungen fremder Heere bezog, die dann nach Art der französischen Conférences als „militärische Mittheilungen" veröffentlicht wurden u. s. w. Es würde uns zu weit führen, wenn wir die umfangreiche Thätigkeit, die der Generalstab entwickelte und jetzt mit demselben Eifer fortsetzt, in ihren Details schildern wollten. Soviel ist gewiss, dass er gegenwärtig mit seinem Wissen und seiner Verwendbarkeit auf der Höhe der Zeit steht. Die alten Generalstabsofficiere sehen wir an der Spitze des Heeres, von den jüngeren Kräften ist ein Theil schon mit höheren Truppencommanden betraut, während der andere die Elite des nunmehr geläuterten und seiner früheren Stellung wieder zurückgegebenen Generalstabes unter der Leitung eines der begabtesten und thatkräftigsten Generale bildet.

Die technischen Truppen haben von jeher einen ausgezeichneten Ruf genossen, das Pionnier-Corps stand aber durch seine Leistungen[*] und durch das 1839 angenommene Brücken-System Biragos den gleichen Corps aller Armeen voran. Auch die Pionniere hatten ihre Wandlungen durchzumachen. Im Jahre 1843 mit dem Pontonier-Corps verschmolzen, wurde dann das Pionnier-Regiment mit den Genie-Truppen vereinigt, um 1867 von diesen wieder getrennt zu werden. Aber an Werth verlor dieses ausgezeichnete Corps dadurch nicht, sondern es hat durch die Ausnützung aller Fortschritte in der Technik und durch eine seinen vermehrten Leistungen entsprechende Organisation, sowie durch die Vorzüglichkeit seines Materials sozusagen die Führung in dieser Waffe behauptet. Das Pionnier-Regiment besteht aus 5 Feldbataillonen zu 4 Compagnien, einer Reserve-Compagnie, einer Zeugs-Reserve, einer Feld-Eisenbahn-Abtheilung und formirt im Kriege 30 Compagnien mit 44 Brücken-Equipagen. Die **Genie-Truppe** ist auch

---

[*] Das interessante Werk des Hauptmanns Ladislaus Müller: „Die europäischen Kriegsbrücken-Systeme", liefert den Nachweis, dass das k. k. Pionnier-Corps in den letzten fünf Feldzügen 371 Kriegsbrücken mit 16,000 Klaftern oder 30 Kilometer Gesammtlänge geschlagen hat.

der modernen Entwickelung der technischen Truppe gefolgt und hat Fortschritte gemacht, die sie nicht nur allein in technischer Hinsicht, sondern auch in taktischer Beziehung sehr gehoben hat und für ein Eingreifen in allen ihr zufallenden Aufgaben des grossen Krieges in hohem Grade befähigen. Die Genie-Truppe zerfällt in 2 Regimenter zu je 5 Feldbataillonen à 4 Compagnien, in 8 Reserve-Compagnien und in ein Ergänzungs-Bataillon zu 5 Compagnien und bildet im Kriege 66 Compagnien. Die Genie-Truppe versieht den technischen und fortificatorischen Dienst bei der Armee im Felde. Sie stellt ferner die Mineur-Detachements für die Feld-Eisenbahn-Abtheilungen.

Die Infanterie. Wie bei allen Mächten, so waren auch in Oesterreich-Ungarn die reformatorischen Bestrebungen zunächst auf die Hebung der Hauptwaffe, der Infanterie, zu dem in unseren Tagen nothwendigen Grad ihrer Leistungsfähigkeit gerichtet. Wenn man die Resultate überblickt, die in den abgelaufenen zehn Jahren bei unserer Infanterie durch eine zweckmässige Ausnützung aller Erfahrungen der letzten Kriege und durch eine bis zur fieberhaften Anspannung aller Kräfte reichende Thätigkeit erzielt worden sind, so kann man ohne Uebertreibung behaupten, dass sie in Allem und Jedem ausserordentliche Fortschritte gemacht hat und in einer Verfassung ist, um sofort mit Sicherheit in die moderne Kampfweise eintreten zu können. Um bei dem Soldaten zu beginnen, so geschah Alles, um seine Einzelthätigkeit zu wecken und zu steigern, seine körperliche Gewandtheit durch alle Leibesübungen zu fördern, seine Geschicklichkeit im Waffengebrauche als Schützen zu heben und die Fähigkeit, sich im Einzelkampfe dem Terrain anzuschmiegen je mehr zu entwickeln. Eine vorzügliche Ausbildungs-Methode begründete eine rationelle von den besten Erfolgen begleitete theoretische und praktische Ausbildung der Truppe. Die schon im Jahre 1868 von Sr. k. Hoheit dem durchlauchtigsten Herrn Erzherzog Albrecht, den Compagnie-Commandanten eingeräumte, nunmehr reglementarisch auf alle Commandanten ausgedehnte Selbstständigkeit und Verantwortlichkeit in Bezug der Ausbildung ihrer Abtheilungen innerhalb der ihnen zugewiesenen Periode war eine Massregel von grosser Tragweite. Sie eiferte die Ambition in hohem Grade an, weil der Officier in der Tüchtigkeit seiner Truppe seine eigene Werthschätzung mehr empfindet, als bei der früheren oft beirrenden Einmengung durch die Höheren.* Die geistige Ausbildung bei der Truppe durch die **Instruction für die Truppen-Schulen** geregelt, legt die Ausbildung der Mannschaft und Chargen in die Hände des selbstständigen Compagnie-Commandanten. Durch jene Instruction sind auch Schulen für Blessirten-Träger, Truppen-Pionniere für den Feldsignal-, Manipulations-Dienst und Feldgensdarmen hervorgegangen.** Für die taktische Ausbildung der Infanterie dient das 1874 erschienene Exercier-Reglement, das in seiner klaren Abfassung — im Gegensatze zur früheren einseitigen Taktik — die Verwendung aller Formen des Kampfes zur rechten Zeit und am rechten Orte veranschaulicht und auf die Compagnie-Colonnen-Taktik basirt ist. Die **Instruction für die praktischen Uebungen aller Waffen** präcisirt die Zeit, welche den verschiedenen taktischen Körpern der Infanterie zu ihrer Ausbildung überlassen bleibt. Mit der Compagnie beginnend, culminirt diese Instruction in den Uebungen aller drei Waffen, im grösseren Truppenverbande.*** In allen Perioden der successiven Ausbildung unserer Infanterie entfaltet Alles, vom höchsten Vorgesetzten bis zum letzten Infanteristen herab, eine ungewöhnliche Thätigkeit. Dem Sicherheitsdienste und den Marschübungen wird eine besondere Aufmerksamkeit zugewendet. Mit der gründlichen Ausbildung, welche unsere Infanterie erlangt hat, verfügt sie über einen Hinterlader bester Construction, hat eine zweckmässige Ausrüstung und Feldadjustirung. Die Zahl dieser zur Action vollkommen bereiten Infanterie erreicht in ihrer Kriegsstärke die Höhe von 614.854, wozu noch 70.791 Mann der Jägertruppe und Schützen zu zählen sind.

---

* Hier und da gibt es noch immer Commandanten, die sich von ihren alten Stunden-Eintheilungen nicht trennen können.

** Diese Schulen bestehen auch in der k. ung. Landwehr mit bestem Erfolge.

*** Die preussische Instruction für die Waffenübungen vom Jahre 1862 bezeichnete als den Zweck derselben die **Prüfung der Generale und Stabsofficiere** in der Handhabung grösserer Heereskörper. Bemerkenswerth bleibt es, dass diese Instruction im Jahre 1872 — also nach zwei glücklichen Feldzügen — dahin abgeändert wurde, dass der Zweck der sei, den Generalen und höheren Stabsofficieren Gelegenheit zu geben, sich in der Handhabung grösserer Heereskörper zu üben. Charakteristisch ist es ferner, dass Glasenapp, der Redacteur

Die Cavallerie war zu allen Zeiten eine vorzügliche Waffe und stand schon vor den letzten Kriegen auf einer höheren Stufe der Leistungsfähigkeit. Wenn sie in den jüngsten Kämpfen nicht das volle Gewicht ihrer Tüchtigkeit zur Geltung kommen lassen konnte, so war bekanntlich die Art ihrer Verwendung, oder vielmehr Nichtverwendung daran Schuld. Mit der im Jahre 1869 erfolgten Ernennung des Herrn Feldzeugmeister Freiherrn von Edelsheim-Gyulai zum General-Inspector der Cavallerie wurde aber eine neue Ausbildungs-Methode in's Leben gerufen, die einen völligen Umschwung in unserer Reiterei herbeiführte. Diese Ausbildung auf eine Beseitigung alles Schematischen und Pendantischen aus unserer Cavallerie, auf die Abhärtung des Mannes, auf die Steigerung seiner Unerschrockenheit als Reiter und die volle Fügsamkeit des Pferdes berechnet, war ein **Hinarbeiten auf die wirkliche Felddienst-Tüchtigkeit der Cavallerie**. Dadurch hat sie wohl ein Uebergewicht über die Reiterei anderer Mächte erlangt. Diese Ausbildungs-Methode, mit der unsere Cavallerie eine ausserordentliche Beweglichkeit, Ausdauer und Manövrirfähigkeit erlangte, war in Bezug der kurzen Dienstzeit, von unberechenbarem Werth. Von grosser Bedeutung für die Ausbildung und Schlagfertigkeit unserer Cavallerie war die im Jahre 1870 vorgenommene Erhöhung des Standes aller Cavallerie-Regimenter auf die Kriegsstärke, wodurch die Uebung der Reservisten entfiel, und der rasche Uebergang zur

---

der vortrefflich redigirten Berliner „Militärischen Blätter", vor drei Jahren den Truppenführern vor den grossen Waffenübungen sozusagen Muth zusprach, indem er auf die Aenderung in der Instruction hinwies und sagte, es handle sich ja gegenwärtig nur um Uebungen. Es kann wohl nicht vorausgesetzt werden, dass die in unzähligen Treffen und Schlachten erprobten höheren Officiere des deutschen Heeres eine gewisse Scheu vor einer Prüfung im Frieden haben sollten; jene Aenderung ist also wohl in dem Sinne aufzufassen, dass der Beurtheilung im Wege der Beobachtung des unbeirrt Disponirenden bei mehreren Uebungen mehr Anhaltspunkte geboten sind als bei sogenannten Prüfungen, wo Zufälligkeiten aller Art oft dazu beitragen, das Urtheil so zu trüben, dass manchmal eine nicht im Interesse des Dienstes liegende Verwechslung zwischen verständigen Leuten und notorischen Schwachköpfen platzgreift. Auch in unserem Heere ist der Zweck dieser sich jährlich wiederholenden grösseren Truppen-Concentrirungen die Uebung der höheren Officiere in der Truppen-Führung, sie werden zumeist sehr instructiv geleitet, der freien Meinungs-Aeusserung ist der grösste Spielraum gewährt, die Kritik ist eine massvolle, wohlwollende und auf Belehrung abzielende.

Kriegsformation gesichert ist. Hand in Hand mit der Ausbildung von Mannschaft und Officieren in den verschiedenen Schulen und Equitationen gehen ununterbrochene Uebungen im Fussgefecht, im anhaltenden Distanzreiten, im Feld- und Aufklärungsdienst von der Escadron bis zu grösseren Cavallerie-Körpern. Das Exercier-Reglement für unsere Cavallerie ist durch seine Einfachheit der Evolutionen gegenwärtig das beste. Für die Verwendung der Cavallerie im Grossen wurden die Erfahrungen des Krieges von 1870 ausgenützt. Der sogenannte strategische Schleier,* das Vorpoussiren grösserer Cavallerie-Körper, das in den nächsten Kriegen zu grossen Cavallerie-Kämpfen vor den operirenden Armeen führen wird, wird sowohl im Skelet als bei grösseren Concentrirungen besonders geübt. Auch bei der Cavallerie herrscht eine fast aufreibende Thätigkeit. Die Bewaffnung und Ausrüstung der Cavallerie ist eine sehr gute, die Bekleidung entspricht seit neuerer Zeit mehr der Zweckmässigkeit als Kleidsamkeit. Die Gesammtstärke unserer tüchtigen Cavallerie auf dem Kriegsfuss beträgt 65.736 Mann, im Vergleiche zu jener der deutschen Armee mit 87.792 und jener Russlands mit 195.137 Pferden steht sie also quantitativ nach.

Die Artillerie hat durch alle Phasen der Geschichte des österreichisch-ungarischen Heeres ihren vortrefflichen Geist und ihre Tüchtigkeit bewahrt, wie ihre ausgezeichneten Leistungen auch in den letzten Kriegen beurkunden, wo sie in der Präcision und Raschheit der Entwickelung grösserer Feuerlinien den Beweis lieferte, dass sie wieder auf dem Standpunkt der modernen Artillerietaktik stehe. Nichtsdestoweniger trachtete auch die Artillerie sich namentlich die

---

* Ist auch keine Erfindung. Sehr lehrreich ist in dieser Beziehung der Feldzug von 1812 in Russland. Was Murat nach Ueberschreitung des Niemen mit seinem Cavallerie-Corps und der Hetman Platow mit seinen 8000 Kosaken der Düna-Armee ausführten, war nichts anderes als die Anwendung dieses heute durch die deutsche Cavallerie wieder modern gewordenen strategischen Schleiers. Nach Riconti hat Murat, der seine Truppe zum grossen Aerger Davout's niemals schonte, bei dem Vormarsche auf Wilna seine Cavallerie schon am frühesten Morgen mit verhängten Zügeln nach allen Richtungen in Bewegung gesetzt, so dass die Brigade des Generals Bruyère an den Thoren der Stadt ankam, wo er auf ein bedeutendes von einigen Infanterie-Abtheilungen und einer halben Batterie unterstütztes russisches Cavallerie-Detachement stiess, als das Cavallerie-Corps Murat's geschweige denn das Armee-Corps Davout's noch sehr entfernt war.

Erfahrungen des deutsch-französischen Krieges zu Nutzen zu machen und auch bei ihr ist das Axiom ihrer Thätigkeit die grösstmögliche ununterbrochene Wirksamkeit der ganzen Artilleriekraft und Veränderung des Zieles nach der jeweiligen taktischen Gefechtslage. Eine andere Frage, welche unsere artilleristischen Kreise seit Jahren beschäftigte, war die der Bewaffnung, welche endlich durch die epochemachende Erfindung des Herrn Generalen Freiherrn von Uchatius ihre Erledigung in einer Weise gefunden hat, die unserer Artillerie auch in Bezug ihres Geschütz - Materials einen Vorrang erstritten hat. Ausserordentliche Beweglichkeit, schnelle Orientirung in der Wahl ihrer Positionen und zweckmässige Ausnützung ihrer Feuerwirkung sind Eigenschaften, die in unserer Artillerie besonders entwickelt sind. In keiner Truppe tritt aber die Einzelthätigkeit so sehr in den Vordergrund als bei dieser Waffe. Unsere Artillerie, die mit ihrer neuen Bewaffnung — die Hälfte der Regimenter ist bereits mit Stahlbronce-Kanonen versehen — zu den schönsten Erwartungen berechtigt, zählt 13 Feld-Artillerie-Regimenter und 12 Festungs-Artillerie-Bataillone in der Stärke von 52.850 Mann an Feld- und 18.722 Mann an Festungs-Artillerie in 182 Feld- und 10 Gebirgsbatterien eingetheilt.

Der Armee des deutschen Reiches stehen im Felde an Artillerie 300 Batterien, jener Russlands 350 Batterien zur Verfügung, von denen 12 in Asien in Verwendung stehen. Unsere grossen Nachbarstaaten sind demnach in dieser wichtigen Waffe bedeutend stärker.

Das k. k. Fuhrwesen-Corps, wohlorganisirt und ausgerüstet, versieht den Traindienst bei der Armee im Felde mit 72 Feld-Escadronen und 7 Tragthier-Escadronen für den Gebirgskrieg.

Die Sanitäts-Truppe. Der Sanitäts-Dienst im Kriege hat auch eine gründliche Reorganisation erfahren. Er entspricht der Grösse des Heeres, der momentanen ausgiebigsten Hilfeleistung in der ersten Gefechtslinie und der Pflege der Verwundeten und Kranken in den Militär-Sanitäts-Anstalten. In erster Linie treten die bei der Infanterie und Jägertruppe im Frieden geschulten Blessirtenträger in Thätigkeit, in zweiter die eigentliche Sanitätstruppe, aus deren 23 Abtheilungen die nöthigen Feld-Sanitäts-Abtheilungen gebildet werden. Für das ganze Heer werden 46 Truppen-Sanitäts-Anstalten und 40 Feldspitäler errichtet.

Nach der neuen Heeres-Organisation treten im Kriege die Feld-Eisenbahn-Abtheilungen* in Wirksamkeit. Die Feld-Telegraphen-Abtheilung war schon in den Kriegen von 1859 und 1866 organisirt, aber nicht in dem Umfange, als dies in Folge der neuesten Organisation durch Aufstellung der Feld-Telegraphen-Expositionen** in Zukunft der Fall sein wird.

Die gesammte Heeresmacht Oesterreich-Ungarns bildet im Kriege 42 Infanterie-Truppen-Divisionen, 5 Cavallerie-Truppen-Divisionen, welche in 13 Armee-Corps eingetheilt sind, aus welchen nach der jeweiligen Kriegslage Armeen zusammengesetzt werden.

---

* Diese bestehen aus *a)* einer Civil-Abtheilung mit einem leitenden Ingenieur und drei Ingenieuren für das Bau-, Betriebs- und Telegraphen-Wesen, einem Telegraphisten, sechs Aufsehern und 22 technischen Arbeitern, dann *b)* aus einem Militär-Detachement mit einem Hauptmann des Pionnier-Corps, 46 Pionnieren und einem Oberlieutenant der Genietruppe mit 19 Mann als Mineur-Detachement.

** Die Oberleitung führt die Feld-Telegraphen-Central-Direction beim Armee-Obercommando, während die bei den Armee-Commandos angestellten Feld-Telegraphen-Directoren den Telegraphen-Dienst leiten, den Bau der Linien veranlassen und über das Personale verfügen. Feld-Telegraphen-Expositionen erhalten das Armee-Obercommando, jedes Armee-Commando, jedes Armeecorps-Commando jede detachirte Truppen-Division und jede Armee-Intendanz.

X.
Die Landwehren.

Die k. k. Landwehr.

Die Organisation der aus den im Reichsrathe vertretenen Länder sich ergänzenden k. k. Landwehr konnte nicht mit der ungarischen zugleich in Angriff genommen werden. Hatte schon der Umstand eine Verspätung in der Organisation herbeigeführt, dass die darauf bezügliche Vorlage erst am 15. März 1869 im Reichsrathe eingebracht wurde, so gab es noch weitere principielle Fragen, die im Hinblick auf die Sonderstellung der k. ung. Landwehr zu erledigen waren. Als man sich entschlossen hatte, die Organisation der Landesvertheidigung nach dem Principe der Parität durchzuführen, wurde der ehemalige Chef der II. Abtheilung des Reichs-Kriegsministeriums, Oberstlieutenant von Horst, der sich bei Vereinbarung des Wehrgesetzes in hervorragender Weise betheiligt hatte, zum Obersten und Landesvertheidigungs-Minister ernannt. Obgleich sein Organisations-Entwurf auf einer bescheidenen Grundlage ruhte, so hatte er doch gegen die Sparsamkeit eines Theiles der Reichsraths-Mitglieder zu kämpfen, um seine guten organisatorischen Ideen zu verwirklichen. Die Votirung der zur Aufstellung seiner Cavallerie-Cadres erforderlichen Summe konnte er nicht durchsetzen, obgleich Jedermann weiss, dass wir zwar eine vorzügliche Cavallerie besitzen, dass sie aber numerisch jener der Nachbarstaaten zurücksteht. Der Landesvertheidigungs-Minister wandte nun seine ganze Aufmerksamkeit und Thätigkeit der baldigen Errichtung einer zahlreichen und tüchtigen Landwehr-Infanterie zu und es gelang ihm dies trotz erheblichen Schwierigkeiten in kurzer Zeit. In Ermanglung der nöthigen Cadres musste er anfänglich Linienofficiere zur Ausbildung der Landwehrmänner in Anspruch nehmen. Und erst im

Monat März 1872 konnte er seine umfassende Vorlage in Betreff der definitiven Organisation der österreichischen Landwehr unterbreiten, nachdem er an das Hoflager in Budapest zur Beschlussfassung berufen worden war. Die Vorlage betonte ganz besonders die Nothwendigkeit einer Erweiterung der Cadres, um hierdurch ein festeres Gefüge in der Truppe hervorzubringen. Die Ergänzung des Officiercorps vollzieht sich wie in der k. ung. Landwehr. Dass auch jenseits der Leitha ein eifriges und energisches Zusammenwirken aller mit dem Inslebenrufen der Landwehr-Institution betrauten Organe die besten Erfolge erreichten, beurkundete das baldige Auftreten der Landwehr-Bataillone bei den grösseren Waffenübungen in Böhmen, Bruck und zuletzt in beträchtlicher Anzahl bei den Corpsmanövern in Mähren, wo ihre Haltung und Leistungsfähigkeit eine allgemeine Anerkennung fand. Zu wünschen wäre nur noch, dass sich zu dieser tüchtigen Infanterie auch recht bald eine gute Cavallerie gesellte. Die k. k. Landwehr bildet im Kriege 81 Bataillone, welche nach der Eigenthümlichkeit der Länder und ihrer Bewohner entweder Infanterie- oder Schützen-Bataillone sind.

Die Bekleidung, Ausrüstung und Bewaffnung der Infanterie ist gleich jener der Linie, die der Schützenbataillone jener der Jäger. Die k. k. Landwehr-Cavallerie bildet 25 Escadronen, nämlich 13 Uhlanen- und 12 Dragoner-Escadronen, deren Bekleidung, Bewaffnung und Ausrüstung den betreffenden Abtheilungen des Heeres gleich sind. Der Brigade-* und Divisions-Verband bei der k. k. Landwehr wird erst im Ernstfalle hergestellt, die Brigaden werden aus 4—5 Bataillonen zusammengesetzt und formiren die XXI. und XXII. Infanterie-Truppen-Divisionen. Die zu den Landwehr-Divisionen gehörigen Batterien, sowie die anderen Anstalten werden vom gemeinsamen Heere beigestellt. Die Kriegsstärke der k. k. Landwehr beträgt 94.000 Mann.

Die k. ungarische Landwehr (Honvéds).

Die Idee, eine ansehnliche Wehrmacht ohne Organisations-Apparat in's Leben rufen zu wollen, bleibt ein Unicum in der Geschichte der Heeresorganisationen. Doch der erste Staatssecretär des k. ung. Landesvertheidigungs-Ministeriums hatte von einer

---

* Die Brigadiere sind schon im Frieden ernannt, ohne das Commando zu führen.

Organisation ganz andere Vorstellungen. Er glaubte, die k. ung. Landwehr mit einem **unfertigen** Ministerium errichten zu können, und so kam es, dass die Organisation in ihren Anfängen Störungen aller Art und manche Missgriffe im Gefolge hatte, welche eine umfassende Thätigkeit der nachträglich bessernden Hand bedingten.* Aber mit grosser Selbstverleugnung, zäher Ausdauer, seltenem Eifer und Hingebung für die Sache lassen sich am Ende die grössten Schwierigkeiten überwinden, und so kam die Organisation bald in Fluss. Se. k. Hoheit, der durchlauchtigste Herr Erzherzog Joseph als Obercommandant, die Districts-Commandanten, welche die längste Zeit mit allerlei Schwierigkeiten und Widerwärtigkeiten zu kämpfen hatten, entwickelten eine rastlose Energie und Thätigkeit, die Bataillons-Commandanten und sämmtliche Officiere einen ausserordentlichen Eifer und seltene Ausdauer, die Unterofficiere und die junge Mannschaft den besten Willen. Ein frischer lebendiger Geist belebte die junge Institution. Dieses einmüthige Zusammengreifen Aller förderte die Organisation derart, dass die Landwehr schon nach einem achtzehnmonatlichen Bestande bei den Waffenübungen im Brigade-Verbande auftreten konnte. Wir sind weit entfernt davon, die damaligen Leistungen der Landwehr-Truppen etwa überschätzen zu wollen, aber auch der Ansicht, dass sie überhaupt schon etwas Ueberraschendes geleistet haben würden, wenn sie einfach in der Rendezvous-Stellung dagestanden wären und ein paar Evolutionen ausgeführt hätten. Sie erwiesen sich aber schon verwendbarer.

Unter dem Staatssecretär Ernst Hollán** entwickelte das von der störenden Einwirkung des nunmehrigen Herrn Professors der Philosophie K.*** befreite Personale des k. ung. Landesvertheidigungs-Ministeriums, namentlich die militärische Gruppe unter der uner-

---

* Die umfangreiche Schilderung dieser Organisation haben wir, als zum geschichtlichen Theil gehörend, von unserer gegenwärtigen Schrift ausgeschieden.

** Hat sich unter Grafen Mikó im ersten Communications-Ministerium als Staatssecretär um unser Eisenbahn-Wesen sehr grosse Verdienste erworben; derzeit k. k. General-Major und Commandant des k. ung. V. Landwehr-Districtes.

*** Der sich dann auf dem Gebiete der Staatsfinanzen versuchte, während ein anderer gewiegter Financier mit dem k. ung. Minister-Präsidium auch die interimistische oder vielmehr **nominelle** Leitung des k. ung. Landesvertheidigungs-Ministeriums übernahm.

mündlichen Leitung des Obersten Béla von Ghyczy,* eine gesteigerte Thätigkeit. Die Organisation der Landwehr wurde in die richtige Bahn geleitet und zweckmässige Anordnungen getroffen. Unter denselben verdienen das Zusammenfassen aller im Lande zerstreuten Bataillone, Escadronen und Mitrailleusen-Abtheilungen in einen taktischen Verband, der mittelst kleiner Brigaden zu 4 Bataillonen, 2 Escadronen und einer Mitrailleusen-Abtheilung hergestellt wurde,** hervorgehoben zu werden. Die Verlängerung der jährlichen Uebungszeit von zwei auf fünf Wochen, eine Massregel, die in Bezug der Ausbildung von grosser Tragweite war. Endlich die Feststellung der Ordre de bataille mit dem gemeinsamen Kriegsminister. Die Augmentations-Vorräthe erfuhren eine bedeutende Vermehrung u. s. w. Im Jahre 1871 wurden drei Brigaden Infanterie und eine Cavallerie-Brigade in Waitzen zu grösseren Waffenübungen concentrirt. Hier ward den k. ung. Landwehr-Truppen zuerst die Ehre zu Theil, von Sr. Majestät inspicirt und in Bezug ihrer Leistungsfähigkeit erprobt zu werden. Im Verbande mit den k. k. Truppen der Budapester Garnison führten sie ein dreitägiges Manöver vor ihrem Könige aus, der von vielen Militär-Attachés fremder Gesandtschaften am Wiener Hofe begleitet war, und waren so glücklich, die a. h. Anerkennung einzuernten. Die Urtheile in der fremden, sowie in der Wiener Presse lauteten über die Leistungen der Landwehr-Truppen sehr günstig. Auch in den späteren Jahren wiederholten sich die Concentrirungen zu halben, ganzen Brigaden und im grösseren Truppenverbande. So im Jahre 1874 zu Alcsuth und zum ersten Male im Brucker Lager, wo ihnen das ungetheilteste Lob aller Anwesenden und in erster Reihe von Sr. Majestät gespendet wurde. Bei allen Uebungen haben die Landwehr-Truppen einen überraschenden Grad von Manövrirfähigkeit, eine ungewöhnliche Ausdauer und Marschfertigkeit an den Tag gelegt. Den ungetheiltesten Beifall ernteten stets die Leistungen der Cavallerie, die nach derselben Methode wie die k. k. Reiterei ausgebildet wird.

---

* Gegenwärtig Commandant des k. ung. VI. Landwehr-Districtes.
** Die Brigaden der preussischen Landwehr vom Jahre 1813 hatten dieselbe Stärke und standen, was principiell ausgesprochen war, auch unter eigenen Commandanten, die mitunter auch Oberstlieutenants und Majore waren. Die ursprüngliche Brigade-Formation der k. ung. Landwehr scheint demnach eine Nachbildung der alten preussischen zu sein.

Ward nun vielleicht auch mehr manövrirt,* als sich mit dem Interesse der Detail-Ausbildung vereinbaren lässt, so waren diese ununterbrochenen Waffenübungen für das Ganze doch von grossem Nutzen. Mit dem Jahre 1873 ging die Organisation der k. ung. Landwehr ihrem Abschlusse entgegen. An die Spitze des Landes-vertheidigungs-Ministeriums trat Se. Excellenz der Minister Béla von Szende, der schon früher als Ministerialrath thätig eingegriffen hatte, zum Staatssecretär ward Oberst Freiherr von Fejérváry ernannt.** Von da an ergänzte sich das Ministerium, es traten die wichtigsten organischen Bestimmungen in's Leben. Die Brigaden nahmen die Stärke der Linienbrigaden mit 7 Bataillonen an, durch die Theilung derselben zu taktischen Zwecken in Halbbrigaden ward die spätere Einführung des Regimentsverbandes angebahnt, die Concentrirung der Bataillone zu je zwei in grösseren Orten zu diesem Behufe und im Interesse einer besseren Ausbildung der Truppe ward beschlossen und zum Theil durchgeführt, die Cavallerie nahm die Regimentsformation an und concentrirte sich gleichfalls divisionsweise. Die gesammte Landwehr wurde für den Kriegsfall in sieben Armee-Divisionen (jeder District bildet eine solche) eingetheilt, die Brigaden änderten ihre frühere Benennung und bekamen mit den Linienbrigaden gleichlaufende Nummern. In dieser taktischen Organisation wurde die gesammte Landwehr in die gemeinsame Ordre de bataille aufgenommen. Die Augmentations-Vorräthe wurden auf den vollen Kriegsstand ergänzt. Die Uniform der Officiere erfuhr einige Aenderungen, die Billigkeit und Einfachheit bezwecken sollen. Die ganze Feldausrüstung durchgeführt. Alle Mobilisirungs-Vorarbeiten bis in die kleinsten Details zu Ende geführt. Neben dieser organisatorischen Thätigkeit ging eine auf die Hebung des geistigen Elementes abzielende. Es erfolgte die Aufnahme von Landwehr-Officieren in die Kriegsschule zu Wien, die Errichtung eines Vorbereitungs-Curses in der Ludovica-Akademie und die Ausgabe vieler fach-

---

* Für die diesjährigen Waffenübungen hat das Landwehr-Obercommando mehr die Detail-Ausbildung in's Auge gefasst, aber auch Instructions-Manöver im grösseren Massstabe zur Uebung der Truppenführer angeordnet.
** Früher Flügeladjutant Sr. Majestät, hat 1859 in der Schlacht von Solferino als junger Generalstabs-Hauptmann im Corps Benedek's in geistiger Abwesenheit zweier höherer Commandanten die Truppen selbst geleitet und wurde dafür mit dem k. k. Maria Theresien-Orden decorirt.

wissenschaftlichen Bücher in heimischer Sprache zum Gebrauche für die Officiere und Unterofficiere der Landwehr.

In ihrer successiven Entwickelung ist die k. ung. Landwehr zu der ansehnlichen Streitmacht herangewachsen: von 92 Bataillonen zu 4 Compagnien in erster Linie und 32 Bataillonen von Nr. 93—124 zu 4 Compagnien in zweiter Linie, von welchen jedoch das 93. und 98. Bataillon bezüglich ihrer Eintheilung für den Ernstfall zu jenen der ersten Linie gehören, zu 10 Cavallerie-Regimentern Nr. 1—10 à 4 Escadronen und endlich 94 Infanterie-Ergänzungs-Compagnien, 20 Cavallerie-Ergänzungs-Halb-Escadronen und 20 Mitrailleusen-Abtheilungen, welche nicht mehr bei den mobilen Divisionen eingetheilt, sondern zur theilweisen Armirung befestigter Orte verwendet werden sollen, in der Gesammtstärke von 180.000 Mann. Als mobile Heereskörper werden gegenwärtig im Kriege von der k. ung. Landwehr die XXIII., XXXVII., XXXVIII., XXXIX., XL., XLI. und XLII. Infanterie-Truppen-Divisionen gebildet. Die Cavallerie wird als Divisions-Cavallerie eingetheilt. Vom k. k. Heere werden den Landwehr-Divisionen beigegeben: die Divisions-Artillerie und zwar eine Batterie-Division zu 2 vierpfündigen Batterien und einer achtpfündigen Batterie, der Divisions-Munitions-Park, die Verpflegs-Colonne, Feld-Sanitäts-Anstalt und zum Train eine Fuhrwesens-Escadron.

Schlussbemerkung.

Die gegenwärtige Verfassung des k. k. Heeres haben wir in grossen Zügen, mehr für das nichtmilitärische Lesepublikum skizzirt. Beim gebildeten Officier muss die genaue Kenntniss der Organisation des Heeres und deren bisherige Entwickelung vorausgesetzt werden. Zudem stehen ihm vorzügliche grössere Werke zu Gebote, mit welchen sich der Nichtmilitär wieder nicht befassen kann. In Bezug unserer dargelegten Ansichten über die gegenwärtige Beschaffenheit der einzelnen Waffengattungen und des Heeres in seiner Gesammtheit glauben wir aber mit allen Kameraden in vollkommenster Uebereinstimmung zu stehen, welche die stufenweisen Fortschritte in der Organisation und den stattgehabten Umschwung im inneren Wesen unseres Heeres mit Aufmerksamkeit verfolgt haben. Dem eigentlichen Zwecke unserer Schrift dürfte durch den Nachweis der nothwendigen und möglichen Aenderungen entsprochen worden sein. Wenn sich dieselben innerhalb enger Grenzen bewegen, so liegt der Grund einfach darin, dass wir keine Veranlassung zu so weitgreifenden Aenderungen in unserem Wehrsystem finden, wie sie von der Militär-Publicistik wiederholt angeregt worden sind. Durch weitergehende Modificationen würde aber unser Wehrsystem wesentlich alterirt. Man hat über die Nothwendigkeit der Auflösung und Verschmelzung der Landwehr mit der Armee viel geschrieben. Indem wir der gegnerischen Ansicht sind, huldigen wir nicht etwa einer blossen Idee. Wir glauben in unserer Schrift zur Genüge dargethan zu haben, dass wir keinen einseitigen Standpunkt einnehmen, sondern uns vielmehr gegen jede Aenderung verwahren, welche die Armee qualitativ und quantitativ schwächen könnte. Und wenn wir auch für die Landwehr in die Schranken treten, so geschieht es im Interesse der allgemeinen Wehrhaftigkeit der Monarchie. Die Auflösung einer bewaffneten Macht kann nur durch Erscheinungen gerechtfertigt werden, wie sie Labitelle 1865 in einem im „moniteur de l'armée" erschienenen langen Artikel in den drei Schlagwörtern zusammenfasste: **Populäre Leidenschaften, feige Rücksichtsnahmen und schmutzige Interessen**, welche den Geist und die Disciplin untergraben. Die Landwehr ist aber eine lebensfrische Wehr-Institution, die in Bezug ihres inneren Werthes dem gemeinsamen Heere würdig zur Seite steht.

Inhalts-Verzeichniss.

	Seite
Vorrede	III
I. Einleitung	1
II. Zur Genesis des Wehrgesetzes von 1868	18
III. Durchführung des Wehrgesetzes von 1868	34
Die allgemeine Wehrpflicht.	
IV. Der einjährige Freiwilligendienst	41
V. Die Dienstzeit	48
VI. Die Cadres	58
VII. Die Heeresform	67
VIII. Die Stärke des Heeres	76
IX. Die gegenwärtige Verfassung des österreichisch-ungarischen Heeres	79
Die gemeinsame Armee.	
X. Die Landwehren	89
Die k. k. Landwehr.	
Die k. ung. Landwehr.	